全国机械冶金建材系统
产业工人队伍建设改革示范单位
优秀案例

本书编写组◎编

中国工人出版社

前言

党的十八大以来，以习近平同志为核心的党中央高度重视工人阶级和工会工作，十分关心产业工人队伍建设。2017 年 4 月，中共中央、国务院印发《新时期产业工人队伍建设改革方案》(以下简称《改革方案》)，就产业工人队伍建设改革专门进行部署和谋划，明确提出要把产业工人队伍建设作为实施科教兴国战略、人才强国战略、创新驱动发展战略的重要支撑和基础保障，纳入国家和地方经济社会发展规划。《改革方案》充分体现了以习近平同志为核心的党中央始终坚持以人民为中心的发展思想和全心全意依靠工人阶级方针的强烈信号，对进一步巩固党的执政基础、实施制造强国战略、全面提高产业工人素质，具有重大而深远的意义，是坚持和发展中国特色社会主义的一项重大举措和系统工程。

五年来，机械冶金建材系统各级工会按照《改革方案》要求，以强烈的责任感、使命感、紧迫感，聚焦加强思想政治引领、团结动员广大职工建功立业、提升产业工人素质、构建产业工人技能形成体系、提高工人待遇地位等重点任务，扎实推进并取得显著成效。2021 年 10 月，为进一步贯彻落实全国推进产业工人队伍建设改革工作经验交流会精神，中国机械冶金建材工会全国委员会组织开展“全国机械冶金建材系统产业工人队伍建设改革示范单位”申报工作，面向各委员单位征集先进经验，树立学习典型，发挥引领带动作用，全面推进改革在系统内向纵深、向基层开展。征集活动得到了热烈响应，各单位踊跃参与，提交案例质量较高，从多角度、多层次反映了改革过程中的重要实践举措和成效收获。我们从中深切感受到各单位推进产业工人队伍建设改革的饱满热情与不懈努力。

经过反复甄别、认真梳理，最终遴选出35篇特点鲜明、生动具体、分析深入、借鉴性强的典型案例，既有制度跟进高位推动的，又有细微之处彰显风采的；有自上而下立竿见影的，也有基层主导稳中求进的。现整理汇编成《全国机械冶金建材系统产业工人队伍建设改革示范单位优秀案例》，方便更多企业学习交流。在此，向案例征集过程中各委员单位的高度重视、大力支持致以衷心的感谢，希望大家认真学习借鉴、大胆探索实践，让改革创新在更大范围落地生根、开花结果。

本书编写组

2022年3月

目录

深化产业工人队伍建设改革 全力推进劳模工匠创新人才工作室联盟建设

河南省机械冶金建材工会

河南省机械冶金建材工会坚持稳中求进工作总基调，立足新发展阶段，贯彻新发展理念，构建新发展格局，围绕推动高质量发展，切实加强职工思想政治引领，将产业工人队伍建设改革和工会改革创新做深做实。

一是始终坚持工会工作正确政治方向。坚持以习近平新时代中国特色社会主义思想为指导，深入学习贯彻习近平总书记关于工人阶级和工会工作的重要论述，不断强化理论武装，自觉在思想上、政治上、行动上同以习近平同志为核心的党中央保持高度一致。同时进一步加强政策学习和业务学习，学习贯彻党和国家有关产业发展的重要决策部署，深入了解产业发展特点和规律，准确把握产业工会工作重点，把党中央关于工人阶级和工会工作的大政方针和部署要求贯彻落实到产业工会工作全过程、各方面。

二是强化职工思想政治引领。着力分析和把握“十四五”时期经济关系、劳动关系和职工队伍发展变化，深刻认识新形势下产业工会工作的新特征、新挑战，以学习宣传习近平新时代中国特色社会主义思想和习近平总书记关于工人阶级和工会工作的重要论述为契机，深化职工大宣讲、大教育，扎实做好“中国梦·劳动美·工会情”万场文化活动进基层工作，持续加强对产业内职工群体的思想政治引领，引领广大职工群众更加紧密地团结在以习近平同志为核心的党中央周围，坚定不移听党话，矢志不渝跟党走。

三是组织动员广大职工建功立业。进一步深化产业工人队伍建设改革，聚焦落实产业工人思想引领、建功立业、素质提升、地位提高、队伍壮大等重点改革措施，深入持久开展以“建功‘十四五’奋进新征程”为主题的劳动和技能竞赛。深入开展技术创新、技术协作、发明创造、合理化建议、网上练兵和“五小”群众技术创新活动，加快打造一支知识型、技能型、创新型的产业工人大军，团结带领广大职工奋进新时代、建功新征程。

四是着力提升职工素质。大力弘扬劳模精神、劳动精神、工匠精神，通过举办学习交流、技能提升等培训班，开展“师带徒”“匠带兵”行动和劳动竞赛、技能大赛、创新争优等职工技能提升活动，加强对技能人才的培养、激励和使用。持续拓宽“网上练兵”工作覆盖面，实现行业内多企业题库共享，全面提升产业工人技能素质。据不完全统计，2021 年以来系统内企业职工参加“网上练兵”活动超过 300 万人次，实现了职工素质稳步提升。

五是切实做好职工维权服务。建立健全维权服务机制，重点关注因产业结构调整、化解产能过剩和淘汰落后产能、企业兼并重组对职工利益的影响，推动企业解决涉及职工利益难题，切实解决职工的急难愁盼问题。继续推进行业性集体工资协商（三门峡行业工资集体协商），促进健全企业职工工资决定机制、正常增长机制和支付保障机制，做好源头参与。

六是认真做好产业工人队伍建设改革试点工作。2018 年以来，为深入学习贯彻习近平总书记关于产业工人队伍建设改革的重要指示精神，贯彻落实《新时期产业工人队伍建设改革方案》文件精神，在全总和省总的正确领导下，河南省机械冶金建材工会聚焦目标任务、突出关键环节、狠抓推进落实，持续向纵深发展，结合行业特点和自身实际，创建了劳模工匠创新人才工作室联盟（以下简称创新联盟）。2018 年 9 月，平台开发工作正式启动；2019 年 1 月 4 日，历时 3 个月，创新联盟平台 1.0 测试版正式上线；2021 年 4 月，全总、全国产改协调小组将河南省推进联盟建设列入第二批全国产改试点项目。我们以此为契机，根据河南省总工会联盟建设实施方案对平台进行了全面改版，升级到4.0版本，功能已经基本完善，具备了全面推广和使用的条件。

创新联盟是一个为企业创新工作室建立有效沟通和精准对接的公益性服务平台，以创新工作室为抓手，建立跨企业、跨行业、跨区域的创新联盟，鼓励职业相关、技术相近、技能相通的创新工作室互学互鉴，深化不同企业、不同行业、不同区域创新工作室的交流合作，将现有专利技术和创新成果转化为现实生产力，为更多企业所共享，节约资源，提高效率，真正意义上开启了各创新工作室全方位、多角度合作的新时代。主要做法包括以下5个方面。

一、广泛宣传，提高创新联盟认知度

新生事物要想发展，广泛而又深入的宣传必不可少。为了做好宣传，我们采用三步走战略：第一步，向各个地市工会做宣传，多次到开封、洛阳、安阳等地市工会进行宣讲；第二步，向企业做宣传，针对产业内各个行业的龙头企业进行现场宣讲，如中国一拖、安阳钢铁、豫光金铅、同力水泥等；第三步，深入各企业召开创新工作室带头人座谈会，向带头人宣传创新联盟。通过多方位、立体化的宣传，以上带下，以点带面，提高创新联盟的认知度，为创新联盟的推广奠定基础。

二、通过线上学习、线下交流相结合，为创新联盟发展打下基础

创新联盟的建立初衷就是实现跨企业、跨行业、跨区域的创新工作室相互学习、相互协作，联盟的成败在于是否能产生实效。创新工作室之间互相了解的程度越深，合作的可能性就越大。为了加深彼此了解，我们采用线上和线下相结合的方式。在线上通过课件、专利和创新成果，一是宣传自己，二是供他人学习；在线下我们成功举办了多期由创新工作室带头人授课的培训班，除了基础学习，我们在培训班中加入交流会环节，各个创新工作室依次介绍自己的

擅长领域并分享先进理念，以此来加深了解，为创新联盟发展打下坚实基础。

三、大平台与小联盟相结合，全方位打造创新联盟

我们根据产业内四个不同行业的特点，在同一行业中选择工种相似、技术相通的多个创新工作室形成小联盟。在机械行业中选择数控工种，在钢铁行业中选择炼钢工种，在有色行业中选择电解铝工种，在建材行业中选择水泥磨操作工种，跨企业、跨区域形成上述四个工种小联盟，不定时举办交流研讨会，增进了解、互学互助、联合攻关，提升创新联盟活力。

引导企业内部创新工作室结对攻关。企业内部的创新工作室之间往往存在着技术衔接的关系，往往需要多个工作室协作攻关解决实际问题，我们积极引导企业内部的创新工作室结合技术特点、人才优势和关联性形成小联盟，汇聚能力，攻坚克难。

四、创新激励机制，增强创新联盟生命力

健全的制度保障是新生事物可持续发展的关键。制度建设分为两级，第一级为省产业工会总体制度引领，将联盟参与情况通过量化的方式，落实到省行业工匠和行业示范性创新工作室的评比当中。在评选行业工匠时，工匠必须为在联盟中注册的工作室成员，并将其在平台上的活跃度量化为分数，作为其评选行业工匠的加分项；在评选行业示范性创新工作室时，将加入创新联盟作为评选必备条件，对其工作室在创新联盟的活跃度量化为分数，作为评选标准之一。第二级为企业级制度，指导部分企业建立激励制度。我们以中国一拖、洛玻集团和豫龙同力水泥为试点，积极构建相应制度，采用积分制的方法来考评企业内各工作室在联盟的参与度，制定了相应的奖励机制。通过两级工会的激励机制，引导和鼓励创新工作室和成员踊跃参与，极大地提升了创新联盟的活跃度，促进创新成果转化和技术共享，实现社会效益和经济效益最大化。

五、不断优化，打造更简洁、更高效的平台

围绕技术创新的重点和难点，结合企业需要、职工期盼等优化联盟平台建设和发展。我们通过召开推进会、问卷调查和网上意见反馈等途径第一时间获取使用者的具体需求，以需求为导向，不断解决联盟平台在使用过程中存在的问题，不断完善联盟平台的功能，不断满足用户对联盟平台的使用需求。为了适应大趋势，我们积极研发和改进手机版本联盟平台的功能，实现联盟成员可以随时随地在手机客户端进行浏览和操作，有效增强联盟平台的实用性和便捷度，为在全省推广创新联盟创造便利条件。

通过两年多来的不断推广，截至目前，加入省创新联盟网上平台的创新工作室有 2011 个，工匠人才 99 人，集团、企业共 1085 家，发布专利 1611 个，创新项目 1971 个，工匠讲堂 1111 个，已发布榜单 314 个，成功揭榜 60 个，合作攻关成功率为 19.1%。截至目前，技术论坛发帖总数 2569 个，回帖总数 4186 个。创新工作室之间相互学习、成果交流、技术合作取得了明显成效。

安阳市劳模工匠创新人才工作室联盟启动仪式

河南省机械冶金建材工会跨区域、跨行业、跨企业“创新联盟”推进会

劳模和创新人才工作室联盟调研座谈会

全总调研河南省劳模和工匠人才创新工作室联盟建设专题汇报会

抢抓产改机遇　坚持试点先行
助力传统制造业产业高质量发展

江苏省机冶石化工会

江苏省机冶石化工会是4个驻江苏省总工会产业工会之一，指导服务全省机械、冶金、建材、国防、电子、化工、医药、煤炭8大行业工会工作。系统内企业都是我省传统制造业企业，企业规模大、科技含量高、从业职工多，担负着江苏省产业成功转型，高质量发展的重要责任。自党中央和省委作出产业工人队伍建设改革的重要部署以来，我会将产改作为重要工作抓手，率先作为，统筹推进，重点施策，取得了一定成效。主要做法包括以下3个方面。

一、提高政治站位，增强产业工会服务产改的使命担当

一是坚持思想引领。聚焦新形势、新任务，深入学习贯彻习近平总书记关于产业工人队伍建设改革的重要指示精神和党中央、省委的决策部署，把握新发展阶段、贯彻新发展理念、融入新发展格局。落实《关于加强和改进新时代江苏产业工人队伍思想政治工作的实施意见》，与省教育科技工会共同开展“百千万”思政教师进企业活动计划，把学习新思想的课堂搬到工厂车间、生产一线，用新思想武装产业职工，引导广大职工矢志不渝听党话、感党恩、跟党走。大力弘扬劳模精神、劳动精神、工匠精神，在系统企业开展行业工匠和

先进典型事迹的巡回宣讲活动；征集建党一百周年劳模工匠工会主席感言；选树系统和行业十大工匠；深入系统企业慰问劳模先进；利用传统纸媒和内部电视以及各种网络新媒体资源，开展多种形式的宣讲活动，在全系统掀起了尊重劳模、学习劳模、关爱劳模的良好氛围。

二是坚持试点先行。两年来，我会认真贯彻落实省产改办“十个一”要求，成立产改试点办公室，建立产改观察员制度，开展产改培训，进行专项督查，多次就新时代产业工人队伍建设改革进行专题研究，主动深入园区、企业开展调研，研究制定《新时代机冶石化系统产业工人队伍建设改革实施方案》，确定机冶石化系统产改试点企业 7 家，沙钢和扬子石化公司等被省产改办设立为党建项目试点和全面试点企业，另有 15 家系统企业被各区市推荐为省级产改试点单位。2021 年，为解决中小企业产改推进难问题，我会进一步深化试点，选择常州西夏墅刀具行业、泰州孤山空调小镇等产业集群开展产改试点工作，明确要求，加强指导，层次推进。

三是坚持上下协同。积极争取企业党政支持，推动构建企业党委统一领导、党政共同负责、工会主动推进、各方积极配合的工作格局。建立和完善联系产改协调会制度，明确试点企业的工作职责，指导试点企业制定细化工作方案，做好政策衔接、政策配套和政策创新工作，力求覆盖所有试点企业和产业工人群体。建立产改观察员制度，在系统 7 家试点企业建立了一支近 30 人的产改观察员队伍，每月 25 日定期向产改办反馈意见和建议、报送相关信息。分行业召开产改沙龙，研讨问题、收集意见、积累经验。以扬子石化公司和沙钢产改工作为切入点进行重点突破，注重跟踪指导，推进重点企业早行动、早实践、早总结，发挥示范引领作用。

二、积极探索实践，提升产业工会服务职工水平

一是聚力成长成才。加快“强富美高”新江苏建设，实现高质量发展，需要建成一支宏大的产业工人队伍。企业要发展，提升人才素质是关键。近年

来，我会每年都要举办 2～3 个工种的省级职工职业技能竞赛，以技能大赛为平台，通过层层选拔，不断提高参与率和覆盖面，激发广大职工对标先进、比学赶超的热情，在全社会营造崇尚技术、尊重技能人才的浓厚氛围。我会组织 2020 年全国钢铁行业职工创新节，南钢、兴澄特钢荣获一等奖，梅钢等 3 家企业荣获二等奖，中天钢铁等 3 家企业荣获三等奖，我会被评为“优秀组织单位”。2021 年，我会承担了全国第七届职工职业竞赛焊工、数控机床装调维修工两个项目全省大赛暨江苏赛区选拔赛的任务，同时组织了全省数控加工中心操作工省一类大赛。通过搭建这些平台，点燃了广大产业工人掌握新知识，学习新技能，立足岗位提升素质的热情，赋能成长得以实现。

二是聚力创新创造。企业转型升级过程中要面对技术瓶颈与重点难题。我会积极探索创新，深入企业进行调研。针对企业提出的劳模创新工作室单体创新力量弱，上下游之间信息不畅，攻关力量有限等问题，率先在我省石化企业成立了首个劳模（技师）创新工作室联盟，探索创新工作室与科技镇长团结对联姻等方式重点解决企业生产科研难题。针对创新工作室提升质效问题，2021 年我会下发创新工作室标准化建设意见，定期召开创新工作室成果发布会，评选出系统十佳示范性劳模创新工作室。针对全省劳模创新工作室情况底数不清的问题，我会会同江苏省总工会劳动和经济工作部对系统 100 多家劳模创新工作室发挥作用情况进行调研，提出建议对策，推动工作室发挥更大作用。同时，我会积极为产业工人创新创造搭建舞台，组织系统企业开展江苏省职工“三个十大”评比，成绩突出，系统企业有 6 人获奖，并荣获“江苏五一劳动奖章”。2021 年我会实施职工专利成果奖励政策，职工申报专利评估通过后每项将获得 2000 元的奖励。

三是聚力权益维护。关注产业工人健康权益，开展安全生产系列活动，组织安全专家进园区、进企业开展安全技能培训，组织职工网上和现场安全知识竞赛，确保职工健康权益得到落实。2021 年我会组织的全省化工行业安全生产技能大赛前期网上竞赛阶段，全省网上实名参赛超过 52 万人次，还将进行线下总决赛。针对国防军工企业技能人才收入不高、流失严重的问题，我会探索“能级工资”集体协商工作，在调研的基础上，出台《关于在全省国防电子系统开展“能级工资”集体协商，健全产业工人薪酬激励机制的实施意见》，建立健全产业工人技术创新、技能等级、学历、荣誉等参与分配的机制，切实提高技术工人、先进职工的经济待遇、政治待遇和社会地位。

三、创新工作方法，推进产业工会助力产改落地

一是召开产改直通车，政策直达基层。2020 年，我省开通国企篇、纺织篇、钢铁篇 3 期产改直通车，构建政策举措直达基层、问题需求直通部门“双向直达”机制。特别是在 2020 年 10 月，我会组织了“江苏产改直通车 · 钢铁篇”活动，以现场问答和视频连线交流的方式推动产改政策直达基层，解决了企业职称评审认定平台、部分行业工种自主鉴定期待政策支持、职工创新成果需要更多激励和保障政策等一大批问题，陈杰平主席亲临指导，为我们推进产改工作指明了方向。在推进产改工作中，我们注重国企与民企相协同，试点培育与试点巩固相协同，企业试点与行业试点相结合，引导国有企业发挥政治优势当先锋，非公企业发挥机制灵活优势探新路，试点单位发挥行业引领优势做示范，产改工作落地生根。

二是组织产改培训，夯实产改基础。为全面推进产改向纵深发展，2020 年 11 月，我会组织全省机冶石化系统产业工人建设改革专题研讨班，通过专题辅导、案例分析、经验交流，让企业工会主席进一步深化对推进产改工作重大意义的认识，明确工作重点、存在的问题和今后努力的方向，进一步推动系统产改工作落实。2022 年我会还将举办产改观察员和系统企业工会主席培训班，对产改观察员需要掌握哪些技能，如何开展工作等内容进行专门辅导和案例教学。

三是强化典型示范，营造良好氛围。在推进产改工作中，我们注重典型引路，两年多来，试点单位取得了一系列经验成果，如徐工集团建设产教融合基

地、完善体系机制、创新人才模式，护航产业工人转型升级；徐矿集团的新“十条”；劳模创新工作联盟等被《工人日报》专门报道，借助省产改办的宣传平台，我会对这些经验做法在系统企业进行了推广。同时，加大产改政策和基层探索的宣传力度，在全系统企业营造关心、支持、推动改革的良好氛围，进一步凝聚社会共识，形成推进试点工作的强大动力。

“百千万”职工思想政治教育首场活动暨省机冶石化工会劳模工匠精神巡回宣讲比赛

江苏省新时代产业工人队伍建设改革联席会议成员单位代表现场回答问题

江苏省产改直通车·钢铁篇现场

江苏省机冶石化系统产业工人队伍建设改革专题研讨班

系统化推进产业工会工作创新发展

陕西省机械冶金建材工会

近年来，陕西省机械冶金建材工会深入贯彻落实习近平新时代中国特色社会主义思想，特别是习近平总书记关于工人阶级和工会工作的重要论述和重要指示以及来陕重要讲话精神，忠实践行“为产业经济谋发展，为产业工人谋幸福”的初心与使命，聚焦产业工人队伍建设改革工作要求，围绕落实产业工人思想引领、建功立业、素质提升、地位提高、队伍壮大等改革措施，以劳动竞赛、职工职业技能竞赛、优秀班组创建、名师带徒、产业工匠人才培育五大抓手不断推动产业工人队伍建设改革的各项工作落地落实。主要做法包括以下4个方面。

一、突出思想政治引领，加强和改进产业工人队伍思想政治建设

一是强化思想政治引领。通过教育引导、舆论宣传、文化熏陶、行为实践、制度保障，加强对企业职工的理想信念教育、民主法制教育等，增强职工“四个意识”、坚定“四个自信”、做到“两个维护”，自觉践行社会主义核心价值观，引导和培育健康文明、昂扬向上的职工文化与爱岗敬业、甘于奉献的职业精神，使劳动光荣、技能宝贵、创造伟大成为企业、职工的主流价值观。

二是强化和创新工会党建工作。引导企业在同级党委的领导下加大在产业

工人队伍中发展党员的力度。2021 年在全系统开展“推优入党”活动，推广基层单位成功经验，努力把技术能手、青年专家、优秀工人吸收到党组织中来，把工匠、劳模培养成党员，把工人党员培养成工匠、劳模。发挥工人党员的先锋模范作用，不断增强产业工人先进性。据不完全统计，近 5 年来有 530 多名工人光荣加入中国共产党。

二、紧扣产业工人队伍建设改革，为产业高质量发展建功立业

一是积极开展调研以夯实基础工作。为更好地掌握和推动产业工人队伍建设改革，近年来我会开展了产业工人队伍状况、劳动技能竞赛、班组建设、一线技术工人待遇落实状况、职工创新能力建设等方面的专题调研。通过调研，进一步了解和掌握产业工人队伍状况的第一手资料，为产业工人队伍建设改革各项工作奠定良好基础。

二是以竞赛促发展。我会在每年全委会上就劳动和技能竞赛相关工作进行统一部署、指导、协调，以各企业为单元积极开展、努力推进“统筹协调、分级组织、层层负责”的竞赛组织体制，确保竞赛安全、高效、有序开展。“十三五”期间企事业单位开展劳动竞赛率 100%，职工参与率 100%，尤其是在重大科研项目和重点建设工程中，必须开展有针对性的竞赛活动，进而更新竞赛理念、丰富竞赛形式、创新竞赛载体、强化竞赛成效，推动形成赛前培训、赛中把控、赛后激励的一体化机制，不断提高劳动竞赛质量和职工的参与度，把产业劳动和技能竞赛打造成技术工人成长成才的重要渠道之一。

三是扩大覆盖面，为产业工人成长成才搭建平台。一方面开展多种形式的技能竞赛，实现省级二类大赛由“精英赛”向“全员赛”转变，由“示范赛”向“普遍赛”转变。连续 8 年举办的“陕钢杯”职业技能大赛在系统内树立了职工职业技能竞赛的标杆；2020 年成功举办了首届“陕焦杯”职业技能竞赛；2021 年举办了首届“陕汽杯”“法士特杯”“金隅冀东杯”（水泥行业的民营企业占参赛企业 85%）职业技能竞赛（全部是省级二类大赛）。另一方面积极

组队参加陕西省总工会举办的各项技能大赛，从 2017 年的 4 个队增加到 2019 年的 25 个队，并奖励每家参赛单位 1 万元用于激励职工提升技能。近年来，我系统开展了达 60 多个工种的技术比武，产生技术状元 35 名，省级技术能手 68 名，产业级技术能手 120 名，使技能竞赛成为职工学习技术、展示才能、彰显作为、脱颖而出的平台。各级组织和单位累计投入资金 3000 多万元。

三、竭诚服务职工，构建产业工人素质技能提升体系

一是全面实施职工素质提升工程。2017 年，我会制定下发了《职工素质提升工程实施意见》（以下简称《意见》），指导基层各企事业单位实施职工素质提升工程。《意见》围绕职工思想道德建设、文化素养、职业技术等方面提出全面提高职工素质，从而加快职工队伍知识化进程，进一步发挥工会“大学校”作用，造就一支有理想、有道德、有文化、守纪律的高素质职工队伍。

二是抓班组建设，打造学习型班组。2019 年，全系统开展了“技能型、创新型、安全型”班组建设活动，并且适时召开现场观摩推进会，极大地推动了班组建设活动的深入开展。2020 年，全系统开展创建“梦桃式班组”活动，以推进班组建设上台阶、上水平，提升企业核心竞争力，促进职工全面发展。活动开展以来，共有 36 个班组被命名为“省机械冶金建材系统优秀班组”，31 名班组长被评为“优秀班组长”。2021 年继续开展评选先进班组和优秀班组长活动，在 7 月份举办了两期（150 多人）优秀班组长培训。

三是开展职业技能培训。系统各级工会协同企业行政部门开展了岗前培训、在岗技能提升培训和高技能人才培训等，实现了企业要求与职工需求、工会培训与行政培训的有机融合。我系统职工参加各类培训 61530 人次，占职工总数的 72%。

四是开展新型师带徒活动。通过学习梦桃传承精神，在全系统开展“师带徒”活动，以技能技艺传承为重点，让更多职工掌握第四次工业革命中的前沿技术和先进技法。2020 年完成全系统“名师带徒”协议备案工作，全系统师

徒结对 3200 余对，对 20 名带徒名师进行了表彰。

五是开展“网上练兵”活动。以“网上练兵”为抓手，开展“岗位练兵”“五小”“合理化建议”等活动，打造一支有理想守信念、懂技术会创新、敢担当讲奉献的产业工人队伍。从 2019 年开始，每年参加岗位练兵职工 35000 余人次，占职工总数的 58.2%。推广陕西汽车控股集团有限公司网络建设及应用、陕西钢铁集团有限公司“网上练兵”的成功经验，鼓励有条件的大型企业集团协同企业人力资源部门，继续开发职工技能学习和岗位练兵网上平台，为构建覆盖全行业的技能学习平台打好基础。

六是引领职工创新实践。开展职工（劳模）创新工作室创建活动，采取走出去学、请进来讲的方式，开展劳模和工匠人才创新工作室跨行业交流活动，探索跨区域、跨行业、跨企业的劳模创新工作室联盟体制机制建设，推进劳模和工匠人才创新工作室质量提升。目前，共有企业级创新工作室 200 多个，产业级优秀创新工作室 40 个，省级示范性创新工作室 11 个，已和多家国防单位开展跨行业交流活动，全省 80 多名劳模和工匠人才创新工作室领衔人到我系统开展现场观摩学习活动。2021 年 8 月，我会顺利组建“冶金行业电气自动化创新工作室联盟”，该“联盟”由 6 家创新工作室组成，重点解决生产中出现的电气自控瓶颈等技术问题，推广先进适用技术，进而提升全系统电气维修职工的技术技能水平。2021 年 10 月，我会还组建了“装备制造业劳模工匠人才创新工作室联盟”，该“联盟”由 10 家创新工作室组成，围绕降本增效、节能减排、技术革新等主题，通过师带徒、技术交流等形式，组织开展技术攻关、管理创新、科学研究等活动，带动装备制造业职工技能素质水平提高，促进企业科技进步。

四、拓展职工职业发展空间，提升产业工人职业自豪感

一是提升产业工人的主人翁地位。落实以职工代表大会为基本形式的企业民主管理制度，切实保障职工群众的知情权、参与权、表达权和监督权，保障

职工当家做主的民主权利。扩大一线职工在会员代表和职工代表中的比例，鼓励职工有序参与公司治理，通过“推优入党”使一线优秀职工发展为入党积极分子，吸收部分优秀职工成为兼职工会干部和工会积极分子。

二是叫响做实“陕西产业工匠人才”品牌。2017 年，我会在全系统开展培育选树产业工匠活动，下发《关于建立工匠人才培育培养机制（制度）的通知》，在全省产业工会中率先开展评选“产业工匠”。目前，我会形成了从企业级工匠人才到陕西产业工匠人才再到三秦工匠的工匠人才培育评选机制。全系统培育企业级工匠人才 780 名，陕西产业工匠人才 22 名，三秦工匠 20 名。

三是拓展产业工人职业成长通道。通过产业工会与企业党政领导建立联席制度，促进企业形成人事管理和工人劳动管理相统一的管理体制，把优秀产业工人，特别是高技能人才纳入企业人才库总盘统筹考虑，打破企业用人中一线工人与工程技术人员、经营管理人员之间的身份界限，使符合条件的一线职工能够和企业管理人员、技术人员享受同等级待遇，从广度和深度两个方面为一线职工拓展职业发展空间。

四是大力弘扬劳模精神、劳动精神、工匠精神。以工匠人才、劳动模范等先进典型为引领，在全行业营造尊重劳动、崇尚技能、鼓励创造的良好氛围。把培育劳模工匠精神作为职工素质提升活动和企业文化建设的重要内容，增强职工对职业理想、职业使命的认识与理解，引导职工崇尚工匠、学习劳模、争当先进。我会推荐的先进集体和个人分别荣获“全国五一劳动奖状”2 个、“全国五一劳动奖章”2 个、“工人先锋号”3 个；“江苏省五一劳动奖状”3 个、“江苏省五一劳动奖章”8 个、“工人先锋号”10 个。

“陕汽杯”陕西省职工职业技能竞赛实操考核现场

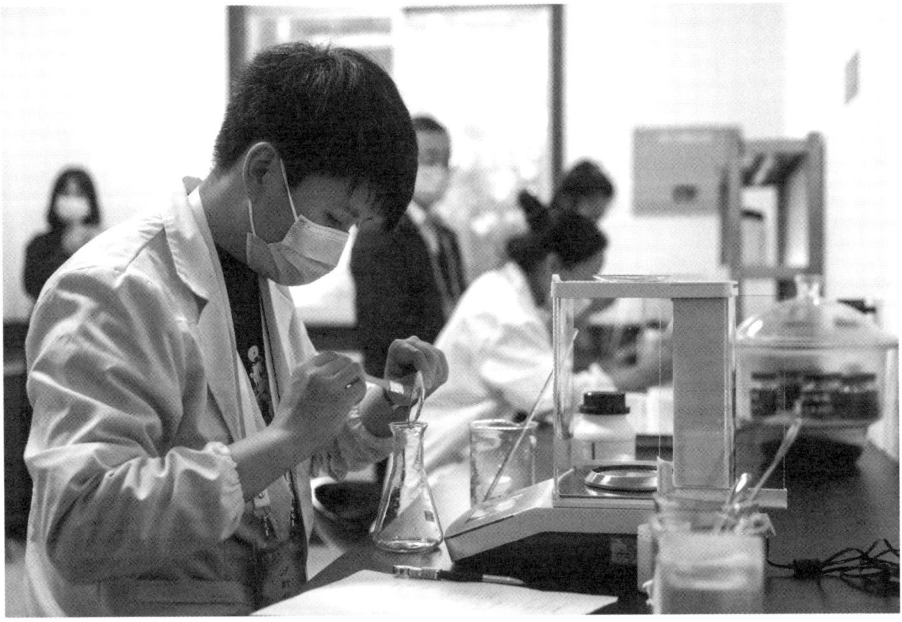
第八届“陕钢杯”化学分析工技能竞赛实操

第八届“陕钢杯”职业技能竞赛高炉炼铁工实操赛点

陕西省冶金行业电气创新工作室联盟座谈会

扎实推动产业工人队伍建设改革落地见效

重庆市机械冶金工会

重庆市机械冶金工会在中国机械冶金建材工会和重庆市总工会的领导下，深入学习贯彻习近平总书记关于工人阶级和工会工作的重要论述，特别是关于产业工人队伍建设改革的重要指示精神，主动适应产业工人队伍在思想观念、利益诉求、发展需求等方面的新变化、新特点，着力优化产业工会组织体制、担当政治引领责任、助力提升素质技能、切实履行基本职责，推动产业工人队伍建设改革走深走实、落地见效。

一、优化产业组织机构，夯实产改建设组织保障

实行产业工会委员会制。落实《重庆市总工会专项改革实施方案》、《重庆市总工会关于深入推进产业工会创新发展的实施意见》（渝工发〔2017〕16号）要求，实行委员会制，领导班子由任命制改革为专兼职相结合的选举制，组织体制设置覆盖非公领域，组织建设得到优化改革，管理服务模式得到加强改进。落实《重庆市总工会关于召开代表大会及组织工会“两委会”若干规定》和《重庆市市级产业工会六项工作制度》，规范产业工会代表、委员、常务委员、专兼挂职副主席的名额、结构比例设置和产业工会主席办公会、常务委员会、委员会的议事决策程序，产业工会的政治性、先进性、代表性明显增

强，工作制度更加规范。

增设产业工会编制。加强力量配备，产业工会编制由改革前的5~6人增加到11人，力量配备大幅提升；此外，落实市总机关新进干部必须到产业工会锻炼至少一年制度，产业工会干部结构更加优化、活力更强。对基层工会组织领导班子，要求在换届中做到专兼职相结合，并按《企业工会工作条例》规定配备工会干部，确保基层工会工作有人谋、有人干。

增加产业工会工作经费。数倍提高产业工会经费预算，保障工作需要。以前基层工作中贴人员、贴场地、贴经费的现象成为历史。此外，还赋予产业工会更多资源，如产业工会推荐"重庆市五一劳动奖"有更多名额、更多自主权；创建产业级劳模工匠创新工作室，产业工会有经费补助权。重庆市市级产业工会服务基层、服务职工更有保障，服务手段更加有效。

二、担当政治引领责任，坚定产业工人理想信念

强化政治引领，立德固魂坚定信念。产业工会肩负工会组织政治责任，强化对产业工人思想政治引领，凝聚爱党爱国意识，不断增强"四个意识"、坚定"四个自信"、做到"两个维护"，进一步增强对党的基本理论、基本路线、基本方略的政治认同、思想认同、情感认同。以"中国梦·劳动美"为主题，开展"不忘初心、牢记使命"主题教育和"四史"学习教育答题活动、庆祝新中国成立70周年"讲好中国故事"活动、"我和我的祖国"微视频征集活动、庆祝中国共产党成立100周年文艺会演等，组织并指导企业开展思想引领活动2000余场次，合力引导机械冶金系统产业工人自觉做中国特色社会主义的坚定信仰者，听党话、感党恩、跟党走的自觉践行者，复兴伟业的勤奋劳动者。

强化文化引领，凝心聚力厚植底蕴。加强"中国梦·劳动美"主题教育，引导产业工人践行社会主义核心价值观。围绕丰富职工文化生活、促进职工全面发展举办产业职工运动会、手工书画作品展、春秋游、相亲联谊等活动。指

导各企业工会加强基层工会组织建设，开展乒乓球、羽毛球、春秋游、健步走、拔河、趣味运动会等形式多样的文体服务活动1600余场，满足产业职工文化精神生活需求，把寓教于乐植根于文化活动之中。西南铝业（集团）有限责任公司积极打造企业文化品牌，“西铝春晚”已经成为西铝职工心中的“文化年夜饭”；重庆长江轴承股份有限公司坚持开展“四好”活动（好声音、好故事、好形象、好技能），宣扬“匠心匠艺、精益求精”的企业发展理念，用文化浸润人心、凝聚力量。

强化荣誉引领，同向发力聚沙成塔。大力弘扬劳动精神、劳模精神、工匠精神，发布宣传劳动模范、“巴渝工匠”、“最美产业工人”事迹，宣传产业工会在企业投身高质量发展中的重要作用和突出贡献。完善“互联网+”建设，改版并运用产业工会网站子网页、QQ工作群、产业工会和企业微信公众号等平台，将工会工作触角向基层一线延伸，打通产业工人队伍“最后一公里”，产业工会、企业党政工部门同频宣传、联动服务、同向发力，取得聚沙成塔之效。指导基层建设好服务阵地，创建1个全国模范职工小家，9个重庆市模范职工之家（小家）及示范单位，2个全国职工书屋示范点，升级2个市级爱心妈咪小屋，推选1名全国优秀工会工作者，指导康明斯等单位在全市集体协商竞赛中获得等次奖，2家单位分别获得“全国厂务公开民主管理先进单位”“重庆市企业民主管理集体协商示范点”称号。

三、助力提升素质技能，激励产业工人成长成才

通过技能竞赛岗位练兵强本领、展风采。着力构建学、训、赛一体化的劳动和技能竞赛组织模式，坚持每年开展以“建功‘十四五’、奋进新征程”为主题的劳动和技能竞赛。近年来，产业工会围绕实施“三大攻坚战”“八项行动计划”，聚焦成渝地区双城经济圈、长江经济带、“一带一路”建设和重点工程、重点项目，举办跨产业的劳动和技能竞赛2场、市级重点劳动和技能竞赛6场、产业级劳动和技能竞赛20场；协调市人力资源和社会保障局，为获得

劳动和技能竞赛一等奖的选手颁发技能职称证书，为广大产业工人成长成才、展示风采、彰显作为、职称晋升搭建平台、提供舞台、开辟通道；指导基层组织开展不同层级的群众性岗位练兵和技能竞赛 70 余场，实现了所属基层企业开展竞赛活动全覆盖。同时，通过网上劳动和技能竞赛扬声势、造氛围、树典型，产业广大职工精益求精钻技术、强本领、求创新的敬业风尚蔚然成风。

通过劳模工匠人才树典型、聚力量。坚持面向一线职工、工匠人才选树先进典型，激励产业工人不断进取、争先创优。2017 年以来，重庆市机械冶金产业工会先后选树“全国五一劳动奖”集体和个人 15 个、“重庆市五一劳动奖”集体和个人 100 个，巴渝工匠、巴渝大工匠、产业工人年度人物各 5 个；创建国家级及全国机械冶金建材行业示范性劳模和工匠人才创新工作室 3 家，市级劳模和工匠人才创新示范工作室 7 家，产业级劳模和工匠人才创新示范工作室 55 家。坚持典型培育与发挥典型作用相结合，组织开展重庆市机械冶金产业“中国梦 · 劳动美——搭平台、聚匠心、传匠艺、育匠才”系列活动，征集展示劳模工匠技能教学视频、一线职工高招绝技视频 21 个，精心制作“五小”竞赛创新成果视频，供产业职工观摩学习；组织 14 名创新成果建设代表入企传授成长成才、创新创造的经验历程，宣传推广创新思路、创新成果，鼓舞引领产业职工学习劳模工匠、弘扬劳模工匠精神，达到点上开花、带动四方的成效。

通过“五小”活动增活力、增效益。聚焦高质量、供给侧、智能化，引入“智胜现场”专业团队，坚持产业工会牵头、企业党政支持、基层工会实施，组织开展“五小”劳动竞赛，通过网络学习、专家面授、入企指导、竞赛成果申报、评审验收、总结奖励等环节，动员包括班组长、主管在内的基层产业工人，立足岗位参与合理化建议、技术攻关、技术革新和发明创造，搭建起产业工人成长成才、企业发展受益的平台，小舞台发挥了大作用，得到市总工会党组和兄弟产业的充分肯定。两年来，参赛班组累计近 1000 个，职工 5 万人次，申报创新成果 600 余项，创造经济效益近亿元。其中重庆川仪调节阀有限公司产品运维组、重庆气体压缩机厂页岩气压缩机两个班组获评全国机械冶金建材行业“创新百强班组”，申报的成果获得职工技术创新成果二等奖。此外，依托职业院校培训资源优势和行业协会组织优势，合作搭建“产、企、校”三方培训平台，线上线下免费为产业职工技能提升和职级晋升提供专业培训和路径通道。与重庆市兄弟产业工会携手深入重庆通航集团、长客轨道车辆有限公司等企业开展“高校专家学者企业行”活动，召开现场“诊疗”会，对“症”下“药”，提升创新能力，增强攻关成效。通过劳模先进和班组技术骨干的示范引领、专家学者的研讨启发，让产业工人在不同层次的活水源头中，启发创新智慧、挖掘技术宝藏，积极投身大众创业、万众创新的实践中，推动高质量发展。

四、切实履行基本职责，提升产业工人幸福感

坚持关爱帮扶，提升幸福感。近 3 年来产业工会助力脱贫攻坚战略，落实每年预算 40 万元，各企业行政落实配套资金 1000 万元，坚持因户施策，精准推进建档困难职工全面实现解困脱困。同时宣传落实市总工会相关救助政策，防止产业职工返贫返困。每年开展“金秋助学”、“冬送温暖”、元旦春节慰问活动，慰问脏苦累险岗位职工、帮扶建档困难职工家庭，累计金额近百万元。职工医疗互助保险产业职工入会率超过 60%，理赔慰问金额占投保金额比例达到 60%，产业工人家庭抵御因病因灾致贫更有保障。新冠肺炎疫情防控期间，督促企业购买防护物品，严格落实防疫措施，保障职工安康，引导企业党政工部门千方百计保岗位、留职工，让职工实现工作有岗位、收入有保障，引导职工爱企业爱岗位，与企业共渡难关。

维护合法权益，提升安全感。结合供给侧结构性改革，定期或不定期开展职工队伍稳定排查化解工作，一方面，扎实开展“与法同行、共筑和谐”法律宣讲系列活动，指导督促企业健全完善职代会制度，保障职工民主管理权益、落实劳动保护政策。特别是在常态化疫情防控情况下，引导推动基层企业建立

健全反映劳动力市场供求关系和企业经济效益的工资决定及正常增长机制，积极推进工资集体协商，健全向一线产业工人倾斜的分配制度，落实职工代表参与分配决定的权利，维护产业工人的主体地位。另一方面，重视抓好劳动领域政治安全工作，指导企业打通诉求表达渠道，重视与职工良性沟通，消除隐患风险，确保劳动关系和谐。在中国宝武重组整合重庆钢铁集团的过程中，督促指导重钢工会立目标、定原则、重内容、强跟踪，按照有关法规严格履行职工分流安置方案等事项的民主程序，做实做细对职工诉求、稳定信访、安置进度、帮扶工作的摸底排查工作，稳妥推进技术人才保留岗位、4045 名职工分流转岗工作，未发生一起重钢职工到市总工会或市信访办群访、缠访、闹访事件，确保了职工队伍稳定和社会和谐安定。

打通发展通道，提升获得感。各基层企业不断拓宽人才发展空间，不断提高技能人才的待遇和地位，为产业工人打通发展通道。庆铃汽车集团不断完善技术技能人才长效激励机制和绩效分配办法，确保激励工资收入向一线职工和技能人才倾斜。西南铝业等单位不断拓展产业工人学历提升、技能提升、荣誉评选、职级晋升渠道及路径。重钢构建专业技能人才、管理人才同等对待的价值导向，建立健全与各岗位技能水平评价体系挂钩的薪酬分配体系，实现不同等级的专业技能人才与相应级别的管理人员薪酬水平对应对等。发展通道越畅通，产业工人越有动力，自身潜能越能得到充分激发，获得感和归属感越强。

产业工人队伍建设改革既是现实需求，也是政治要求。重庆市机械冶金工会将切实肩负起推动产改的应有责任，不断加强产改工作调研督导，推进各项改革举措落地落实，凝聚起机械冶金产业职工推动重庆经济高质量发展的磅礴力量！

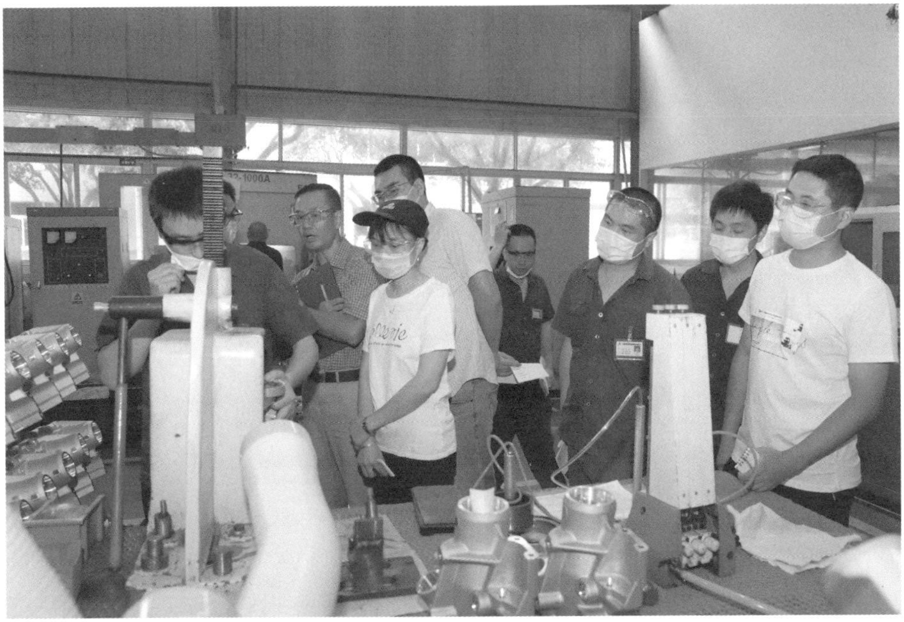

中国重汽集团重庆燃油喷射系统有限公司——“五小”劳动竞赛成果稽核

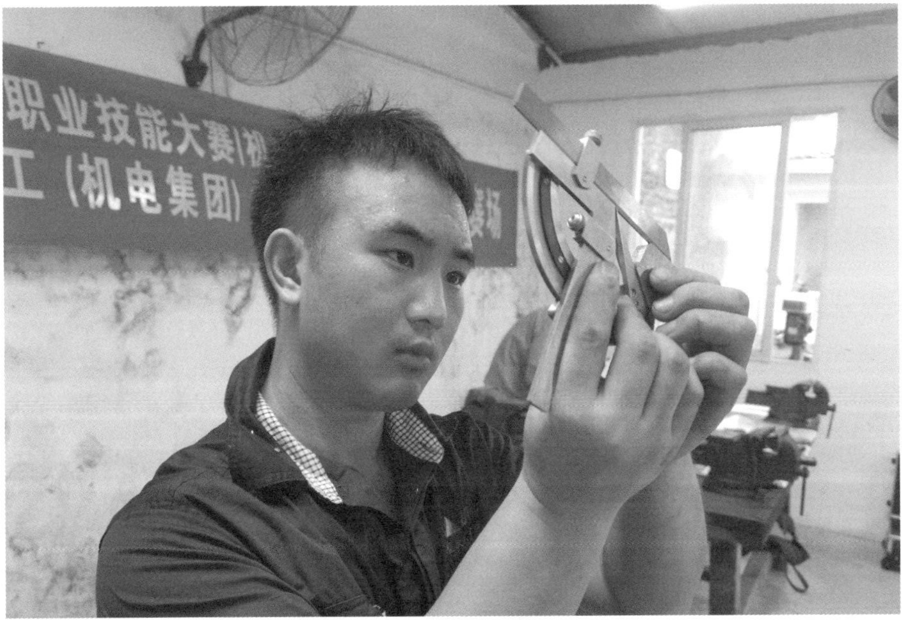

重庆市第九届机械行业职工（机电集团）技能大赛钳工竞赛

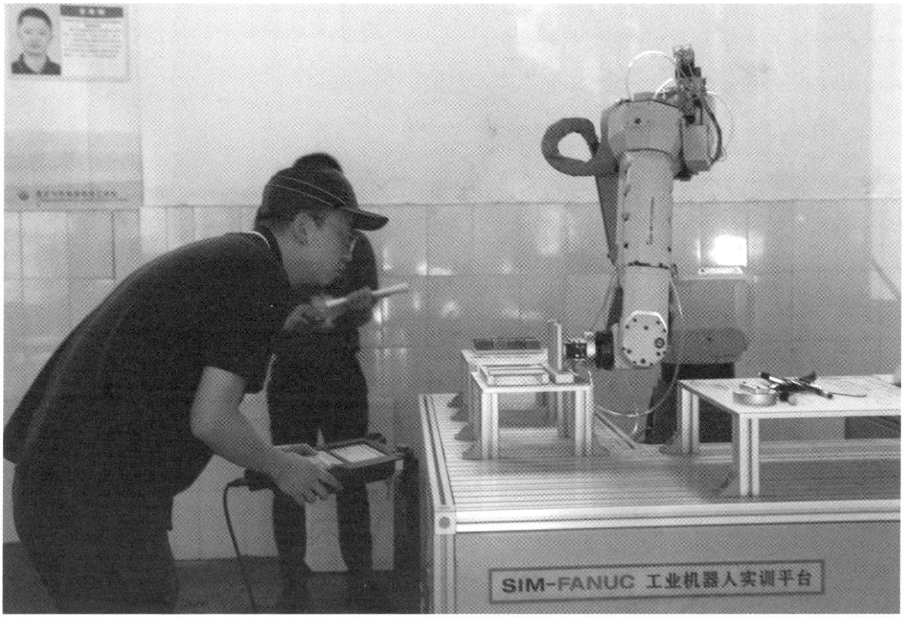

重庆市机械冶金系统智能制造应用技术职业技能大赛机器人竞赛

走进上汽依维柯红岩商用车有限公司——重庆市机冶工会“五小”劳动竞赛专家进企交流研讨会

创建“五种新模式”实现产业工人“五有”发展目标

山东省冶金工会

山东省冶金工会作为山东省新时期产业工人队伍建设改革工作全面试点产业工会之一，紧紧围绕落实产业工人主体地位，立足解决影响产业工人队伍发展的突出问题，按照“试点先行、经验推广、全面深化”的工作思路，着力创建产业工人思想引领、素质提升、创新创效、职业发展、服务保障“五种新模式”，积极推动产业工人“有理想守信念、有本领能作为、有担当善创造、有前途提地位、有尊严获幸福”，精心研究制定全省首个行业产改工作意见，工作经验得到全国总工会经费审查委员会主任李晓钟同志和中国机械冶金建材工会主席陈杰平同志批示，并在全国有色金属行业工会 2021 年工作年会上做典型发言。

一、着力创建思想政治引领新模式，推动产业工人有理想守信念

加强和改进产业工人队伍思想政治建设，是新时期产业工人队伍建设改革的首要任务。山东省冶金工会针对新形势下广大职工思想多元、多样、多变的新特征，在全行业大力开展“短平快实”的“微宣讲”活动，用职工喜闻乐见、容易接受的方式，把“大讲堂”变成“微课堂”，让职工随时随地乐享精

神大餐。一是广泛吸纳各层次、各岗位一线职工“小角色”组建宣讲“大队伍”，充分发挥基层职工理论“轻骑兵”的作用，让广大职工成为思想政治引领工作的主力；二是充分利用车间、班组、创新工作室、职工教育培训中心、职工书屋、网上学习练兵平台、微信公众号等线上线下“小阵地”搭建宣讲“大舞台”，让宣传宣讲覆盖每个班组、每名职工；三是深入挖掘行业劳模工匠的奋斗故事，根据职工需求，用职工身边的“小故事”阐明“大形势”“大政策”“大道理”，开展“订单式”宣讲，确保宣传宣讲务实有效。全行业累计开展“微宣讲”1500余场次，覆盖行业职工8万余人，涌现出一批职工宣讲能手在全国职工演讲比赛中获奖，掀起行业宣讲热潮：山钢集团工会制定《职工思想政治引领行动方案》，开展与一线职工面对面宣讲300余场次，收获职工“有用、有心、有情”的积极评价；山东黄金矿业（玲珑）有限公司工会积极打造红色教育基地，将红色基因融入职工血脉；山东铝业（中铝山东）有限公司工会组织宣讲比赛，层层选拔优秀职工宣讲员，大大激发了职工的劳动热情。以“微宣讲”活动为载体的职工思想政治引领常态化新模式逐步形成，相关经验在《工人日报》《中国工人》《工会信息》等媒体刊发。

二、着力创建素质提升新模式，推动产业工人有本领能作为

提升产业工人技术技能水平，是新时期产业工人队伍建设改革的重点所在。山东省冶金工会积极构建“网上学习练兵 + 新型导师带徒 + 校企相融培训 + 技能竞赛”一体化素质提升新模式，多途径、多平台推动产业工人有本领、能作为。一是实施“互联网 + 职工技能素质提升”工程。积极推广山钢集团莱芜分公司先进试点经验，在线进行理论学习和实操训练竞赛，使学习练兵更便捷、更普遍，全省冶金行业企业职工网上学习练兵参与率达90%。二是着力构建“新型导师带徒体系”。在全行业积极推广济钢集团先进试点经验，制定下发意见，把带思想、带技能、带创新相结合，建立共进共荣的师徒关系，促进职工思想政治素质、技术技能素质、创新创效素质共提升，已结成

268 对新型师徒。三是建立工学结合订单式人才培养模式。积极推广山东铝业（中铝山东）有限公司与山东铝业职业学院、山东招金集团与烟台黄金职业学院合作办学试点经验，形成以企业为主体、职业院校为基础的校企全程协同培养高技能人才模式。四是广泛搭建技能竞赛平台。通过开展“十强”产业争先创优劳动竞赛、重点工程劳动竞赛、“五型”（安康型、学习型、创新型、精益型、和谐型）班组竞赛等，提高职工参与度，每年有 2 万名职工参加，近百名高技能人才脱颖而出。

三、着力创建创新创效机制，推动产业工人有担当善创造

新时期产业工人队伍建设改革方案中提出要“加大对产业工人创新创效扶持力度”。山东省冶金工会始终坚持创新的核心地位，持续广泛搭建职工创新创效平台，积极推动产业工人有担当善创造。一是分级成立钢铁、黄金、有色金属行业创新工作室联盟。组建包括 30 余人的专业技术委员会，充分发挥全行业 44 个全国级、省级、行业级创新工作室的集聚效应、辐射效应和品牌效应，形成了统一高效的行业协同创新机制。二是广泛开展职工创新创效竞赛。以“比组织发动、比服务保障、比平台搭建、比制度创新、比人才培育、创优秀成果”为内容，在全行业大力开展职工创新创效竞赛，全面激发全员创新活力，推动行业持续产出高质量的职工创新成果。2020 年成功承办首届全国钢铁行业“职工创新节”，获奖成果 15 项；2021 年在全省职工创新创效竞赛中获优秀组织奖，获奖成果 11 项，累计奖励 110 万元。三是广泛推动建立企业创新创效机制。积极培育选树全员创新企业，充分发挥 15 家行业级以上全员创新企业的示范引领作用，在全行业开展职工创新创效“互学共促”活动，引导企业普遍建立创新创效机制，不断提升行业创新力。山钢集团莱芜分公司工会、山东莱钢永锋钢铁有限公司工会等单位采取搭建创新云平台、实施“揭榜挂帅”工作模式、建立创新激励机制等措施，积极打通职工创新路径，企业职工创新参与率达到 100%，相关经验在《工人日报》《山东工人报》等媒体

刊发。

四、着力创建职业发展新模式，推动产业工人有前途提地位

职业发展通道狭窄是影响产业工人队伍建设的突出问题。山东省冶金工会从职工最关注的发展权益出发，积极破除身份壁垒和价值体现壁垒，搭建产业工人成长发展“立交桥”，让产业工人看到职业发展前途，感受到地位提升。一是打通职工发展通道。积极推广山钢集团莱芜分公司和山钢集团日照有限公司的试点经验，引导企业制定实施《员工职业发展管理办法》，通过竞争上岗、层级晋升、序列转换、岗位轮换和组织选派等方式，打破职工长年不变的身份界限，使发展通道互联互通，从根本上改变职工成长发展模式，为各类员工提供多重发展机遇，让操作岗职工可转入技术岗，成长为技能专家，也可转入管理岗，成长为管理骨干，两家试点公司已有 40 余人实现转岗晋升。二是创新技能导向激励机制。以选树宣传“冶金工匠”为载体，大力培育工匠人才，逐步建立起高技能人才和劳模工匠人才库，引导企业依据职工需求和市场需要建立技能人才自主评价体系，在关键岗位、关键工序大力培养使用工匠人才，为优秀职工搭建“出彩”平台，打通产业工人技术技能晋升通道。两年来，共培育出 3 名“全国劳动模范”、1 名“全国质量工匠”、3 名“全国五一劳动奖章”获得者、2 个“全国工人先锋号”、11 名（个）“山东省五一劳动奖章（状）”获得者、12 个“山东省工人先锋号”、2 名“齐鲁工匠”以及一大批行业级先模人物。

五、着力创建服务保障新模式，推动产业工人有尊严获幸福

进入新发展阶段，职工群众的需求正在从满足基本生活向提升生活品质转变，从满足物质需求向体面劳动、实现自我价值等社会性、精神性需求转变。山东省冶金工会主动适应职工需求新变化，聚焦维权服务基本职责精准发力。一是突出保障产业工人的民主政治权益。深化行业内企业民主管理工作，开

展“聚合力，促发展，我为群众办实事”全省冶金行业优秀职工代表提案征集活动，推动完善落实以职工代表大会为基本形式的企业民主管理制度，着力通过职工代表大会解决职工最关心、最直接、最现实的利益问题，构建和谐劳动关系。二是强化保障产业工人劳动经济权益。开展全省冶金行业集体协商集中要约行动，积极完善落实“1+3”集体协商机制，行业内企业集体合同签订率达95%。三是着力提升工会服务质量。持续开展“争创职工信赖的职工之家，争做职工信赖的娘家人”活动，引导各级工会组织和工会干部做实关爱职工行动，为职工提供个性化、菜单式的服务项目，如关爱埠外职工子女、实施职工“心”关爱项目、网上普惠职工、建设“爱心妈咪小屋”、开展职工子女教育托管等，让服务更精准、更贴心，切实提升产业工人的获得感、幸福感。

“全国五一劳动奖章”获得者李仁壮在生产现场

“山钢杯”全国钢铁行业职工网上安全生产知识竞赛决赛VR实践考试

齐鲁大工匠李仁壮创新工作室日常研讨

山钢集团号召职工向“全国劳动模范”胡淑娥学习

坚持正确政治方向　服务产业发展战略　建设知识型、技能型、创新型的高素质产业工人队伍

安徽省机械冶金工会

推进产业工人队伍建设改革，是以习近平同志为核心的党中央着眼于巩固党的执政基础、实施制造强国战略、全面提高产业工人素质做出的重大决策部署。在中国机械冶金建材工会和安徽省总工会的坚强领导下，安徽省机械冶金工会认真贯彻落实习近平总书记关于产业工人队伍建设改革的重要指示精神和《关于推进新时代产业工人队伍建设改革实施意见》，对照全委和安徽省总工会工作部署，结合系统工作实际，在系统内扎实推进产业工人队伍建设改革工作，取得了较为显著的成效。

一、着力加强推进产业工人队伍建设改革工作组织制度保障

一是加强组织领导。安徽省机械冶金工会及时转发并认真贯彻落实中国机械冶金建材工会《关于贯彻落实〈新时期产业工人队伍建设改革方案〉的实施意见》和安徽省总工会《贯彻落实〈关于推进新时代产业工人队伍建设改革的实施意见〉方案》，按照产业工人队伍建设改革工作安排，深入系统调研产业工人队伍状况，指导督促系统各企业工会积极发挥作用，扎实推进产业工人队伍建设改革工作。系统企业认真履行主体作用，对照党中央、省委有关要求，

积极制定方案，加强对产业工人队伍建设改革工作的组织领导。

二是健全工作机制。由工会牵头组织针对产业工人政治、经济、社会地位提升制定详细举措。江汽集团制定《关于推进新时代技能人才队伍建设改革的实施方案》。叉车集团成立推进新时代产业工人队伍建设改革协调小组，将该工作列入党委会重要议题。金昌轴承成立以党委书记为组长、工会主席为副组长的领导小组，负责制定各项政策，监督协调行政部门落实和检查各项激励政策。

三是加强制度建设。叉车集团研究制订公司年度人才培养工作计划，修订《职工教育经费管理办法》《高层次技能人才管理办法》《技能大师工作室管理办法》等办法，加大经费投入，加强高层次技能人才队伍管理，不断壮大公司高技能人才队伍。铜陵有色出台《职业技能等级认定实施意见》等制度性文件，加大紧缺技能型专业人才招聘和储备力度，确保高技能人才队伍得到稳定补充。江汽集团旗下的兴业公司围绕打破工人身份界限，破解管理操作岗和专业岗之间的身份壁垒，改革人事管理体制和薪酬激励办法，创新分配激励机制，完善技能人才选拔任用、待遇、表彰奖励制度。

二、着力强化基层企业职工思想政治引领

一是坚持产业工人队伍建设改革正确的政治方向。安徽省机械冶金工会认真落实“四个第一”学习对标制度，带头并组织各级工会深入学习贯彻习近平总书记关于工人阶级和工会工作的重要论述、关于统筹疫情防控和经济社会发展重要论述、考察安徽重要讲话指示精神、在全国劳模表彰大会上的重要讲话精神和关于产业工人队伍建设改革的重要指示精神，教育系统各级工会干部进一步树牢“四个意识”，坚定“四个自信”，做到“两个维护”，始终在思想上、政治上、行动上同以习近平同志为核心的党中央保持高度一致。

二是加强职工思想政治教育。安徽省机械冶金工会认真贯彻落实《关于加强和改进新时代产业工人队伍思想政治工作的意见》，指导系统各级工会推动

职工理论武装和思想政治教育。系统各企业通过将政治理论学习作为重点工作考核项，编印政治学习材料，组织研讨、培训，开展专栏宣传，积极组织职工参加“网聚职工正能量，争做中国好网民”主题活动等形式加强职工政治理论学习教育。利用智慧工会、微信公众号等新媒体平台开展职工思想政治宣传，引导职工自觉讲政治、顾大局、爱岗位、作贡献。

三是选树宣传优秀技能人才。安徽省机械冶金工会积极组织开展“产业工匠”选树活动，积极选树优秀技能人才，通过举办、承办劳模先进事迹报告会、全国劳模表彰大会精神劳模宣讲团报告会、“跟着劳模去创新”等活动面向系统和社会广泛宣传本行业各类模范，积极营造尊重劳动、崇尚技能、鼓励创造，弘扬劳模精神、劳动精神、工匠精神的氛围。

三、着力构建拓展技能人才成长晋升路径

安徽省机械冶金工会逐年加大经费投入力度，大力开展劳动竞赛和技能竞赛，通过举办钳工、焊工、电线电缆制造工等工种职业技能竞赛，以及积极组队参加全国、全省各类职业技能竞赛、选拔赛，引导鼓励企业把学习培训、岗位练兵与比赛选拔结合起来，把加快高技能人才培养与普遍提高职工技能水平统一起来，积极引导广大职工学技术、提技能、强本领，努力造就一支知识型、技能型、创新型的高素质劳动者大军。

一是以赛代训提升员工技能。江汽集团在坚持组织技能竞赛的同时，面向未来智能制造发展等方向设置竞赛项目，同时结合各单位技能人才缺口、人才储备等情况，组织实施竞赛项目 41 项，全方位提升技能人才水平。叉车集团举办青工技能竞赛、职工岗位技术操作运动会，选派员工参加“振兴杯”大赛、数控大赛、中国技能大赛等，以赛促学，培养选拔更多高技能人才。

二是加强针对性、超前性培训。江汽集团以“岗位技能培训班 + 企业新型学徒制 + 技能大师工作室”组合开展技能型人才培养。江汽集团旗下乘用车公司结合公司战略，建立焊装、总装、涂装等培训中心。江汽集团旗下比克

希公司根据不同岗位层级的技能要求组织开展应知应会培训、认证工作。江汽集团旗下江淮铸造公司将职工选派到清华大学参加3个月系统的“铸造技术与管理”铸造知识脱产培训，铜陵有色按照适应性、实用性、超前性、有效性原则，以管理人员、专业技术人员、技能人员培训为重点，制订年度培训计划。

三是发挥技能大师“传、帮、带”作用。安徽省机械冶金工会在系统广泛选树职工创新工作室，并定期组织开展职工创新工作室领衔人观摩交流活动，积极发挥高技能人才示范引领和“传、帮、带”作用。叉车集团建立高技能人才队伍建设“1234”培养机制。安凯客车围绕重点项目攻关、高技能人才培养、技能知识推广、合作共建与交流等方面强化大师工作室建设，做好技能“传、帮、带”工作。

四是培训“一专多能”的多能工。目前多能工培养已经成为多数企业较为通行的做法，江汽集团旗下安凯客车对在生产线上能胜任多种岗位或能操作多种机器设备能力的人员，按其掌握的岗位数分为星级多能工，并按星级评定结果给予一次性激励。江汽集团旗下美桥公司依托分厂，在关键岗位、产能瓶颈岗位，利用“40+4”培训平台自主开展多能工培训。

五是搭建职业技能等级认定体系。叉车集团依据安徽省人力资源和社会保障厅《关于全面推行企业职业技能等级认定工作的通知》，搭建公司26个职业、50个工种的职业技能等级认定体系。江汽集团旗下安凯客车建立企业内部技能评价考核制度，开展校级操作工人才培养工作，对校级操作工发放季度绩效奖。铜陵有色对尚未出台职业标准且公司内存在的小工种，组织专业技术人员制定企业内部职业标准并开展认定考核工作，以进一步打通技能岗位人员的职业通道。江汽集团旗下乘用车公司对标蔚来工厂技能认证体系，全员实施岗位技能达标评价，并依据达标层级兑现奖励。

四、着力提高技能人才荣誉感、自豪感、归属感

安徽省机械冶金工会积极探索提高一线职工，特别是高技能人才政治待遇

和社会地位的具体举措，通过换届时提高一线职工和劳模委员比例，积极推荐一线优秀职工担任安徽省机械冶金工会兼职副主席，在全系统树立重视人才、尊重人才、温暖人才的工作导向。

一是提升技能人才政治地位。江汽集团将高技能人才作为党委联系服务专家，职工代表、党员代表中必须有一定比例高技能人才，邀请高技能领军人才列席或参加公司党代会、党委会、职代会等重要会议，参与审议公司重大决策，为高技能人才开通车辆进厂区权限。叉车集团修订完善《骨干评聘管理办法》，拓宽了员工晋升层级通道，合理设置骨干指标，加大向在本岗位或专业作出突出贡献的专业人才倾斜力度。

二是将技能提升与相关待遇挂钩。江汽集团技能竞赛名次与员工岗位成长晋升相结合，并选拔优秀的选手纳入技能大师工作室进行再培养。江汽集团商务车公司对参加职业技能竞赛理论与实践“双达标”人员破格办理职业技能等级证书，最高可破格到“技师”等级。叉车集团制定公司《劳动竞赛奖励经费管理办法》，明确竞赛先进集体、先进个人的表彰和奖励标准。金昌轴承将技能、学历与薪酬挂钩，调动鼓励工人留下来、成长起来。

三是后勤保障使高技能人才暖心。江汽集团在制定肥西人才公寓购买政策时向技能人员倾斜，明确了“或具备高级工及以上等级”作为购买条件之一，对高级技师 / 集团股份公司级大师工作室负责人、技师、市级及以上技能大赛获奖人员、公司及以上技术能手、优秀选手等明确了 1 ~ 10 分的特别加分项。

“跟着劳模去创新活动”中劳模进校园宣讲技术成才人生

安徽省机械冶金系统焊工技能竞赛现场

2021年安徽省机械冶金系统钳工职业技能竞赛

安徽省机械冶金系统职工创新工作室领衔人交流活动

提高产业工人贡献率
推动产业经济高质量发展

四川省机电冶煤工会

近年来，四川省机电冶煤工会在全委和四川省总工会的坚强领导下，发挥产业工会在工会工作全局中的重要作用，坚决落实产业工人队伍建设改革各项决策部署，聚焦产业经济发展大局，立足实际、创新有为，大力推动产业工人队伍建设，培养造就了一支勤于钻研、敢打硬仗的工匠型技能人才队伍，为推动四川省产业结构转型升级、经济高质量发展发挥了积极作用。仅 2020 年全系统共有 20 人被授予“全国劳动模范”称号，91 人被授予“四川省劳动模范”称号。2021 年全系统共有 17 名高技能人才被评为第三届“四川工匠”（全省共 100 名）。主要工作包括以下 5 个方面。

一、强化思想引领，坚定正确政治方向

坚持把履行政治责任、思想引领作为第一位要求，不断强化理论武装，确保产业工人凝心聚力，听党话、跟党走。发挥好各级工会宣传教育阵地作用，采取举办培训班、召开研讨会、作宣讲报告等多种形式，组织深入学习习近平新时代中国特色社会主义思想和习近平总书记关于工人阶级和工会工作的重要论述，深入贯彻党中央、省委、全总和全委重要会议精神，引领广大产业工人

提高政治站位，保持政治定力，把握前进方向。广泛开展职工群众喜闻乐见的文体活动，举办“喜迎建党100周年”职工诵读比赛、“玫瑰书香”家庭文化建设活动、职工微电影大赛、歌手大赛等，激发广大职工爱岗敬业、建功新时代的昂扬斗志，展示新时代产业工人的精神风貌和时代风采。2020年先后荣获省第六届职工微电影大赛优秀组织奖、“网聚职工正能量、争做四川好网民”主题活动优秀组织单位奖等荣誉。大力弘扬劳模精神、劳动精神、工匠精神，加大对劳动模范的宣传力度，大国工匠、“军工绣娘”潘玉华等四川省劳模工匠宣讲团成员多次走进机关、企业进行宣讲，让一大批可学、可敬的先进典型真正走进职工、影响职工、激励职工。

二、服务中心大局，劳动竞赛建功立业

结合成渝地区双城经济圈建设、长江经济带发展等国家战略的实施，围绕四川省“5+1”现代工业体系，广泛开展“当好主人翁、建功新时代”主题劳动竞赛活动，为全省经济高质量发展作出了积极贡献。牵头组织四川省装备制造业劳动竞赛和成都经开区汽车产业劳动竞赛作为“十三五”省级劳动竞赛示范项目，围绕产业转型升级和技术创新，以重点项目建设和关键技术攻关为主线，以推进产业工人队伍建设改革为着力点，获得了一批重大技术攻关成果，产生了较好的经济效益和社会效益。四川省装备制造业劳动竞赛参赛企业52家，参赛项目88个，项目涵盖智能装备、航空与燃机、核电风电装备制造等各个行业，参赛企业职工10万余名，7000多个班组投入竞赛项目之中，参赛项目获得国家发明专利、实用新型专利200余项，共5家单位、16名个人、22个班组被授予“四川省五一劳动奖”称号，极大地激发了参赛企业和产业工人的创新思维和劳动热情。成都经开区汽车产业劳动竞赛先后组织开展了汽车维修工、装调工、叉车工等13个工种的项目竞赛，区内210家企业、6.8万名职工、125个班组投入竞赛活动之中，累计获得国家发明专利及实用新型专利1228项，有力促进了汽车产业优化升级、量质提升，推动成都经开区在

新一轮产业发展中持续领跑。

三、围绕创新创效，创建联盟助力发展

坚决贯彻落实党中央、全总和省委关于创新驱动发展的系列重要指示精神，在全省率先建立劳模和工匠人才创新工作室联盟，推动构建职工全员个人创新、班组团队创新、劳模创新工作室示范创新、联盟成员联合协作创新的职工创新体系。2019 年，经过多次调研、论证，组织 42 家企业的 82 个创新工作室共同组建四川省机电冶煤系统劳模和工匠人才创新工作室联盟，制定出台《联盟建立实施意见》《联盟经费使用管理办法》等制度规定，引导联盟有序运行、规范运作、高效运转。积极发挥联盟创新创效平台作用、交流展示舞台作用、学习传承阵地作用，充分运用联盟专家委员会专业资源，凝聚行业力量，深入开展技术攻关、交流互动、协同创新等活动，为培养高素质产业工人队伍、推动企业技术进步、促进产业发展发挥积极作用。据不完全统计，仅 2020 年联盟工作室就完成技术创新和技术攻关项目 460 项，现场解决生产技术难题 542 个，申报发明和实用新型专利 140 个，创造经济效益超 1.5 亿元。在建党 100 周年之际，联盟举办创新成果展示交流活动，以视频展播、图片展板、实物展示、现场签约、主旨演讲等形式，开展职工技术创新成果和先进操作法评选表彰、劳模工匠绝技绝活表演、联合攻关项目和师带徒签约仪式等活动，进一步建好用好平台，充分发挥联盟集聚、辐射和品牌效应。

四、着力提升素质，技能大赛成就梦想

认真落实全总“产业工人队伍建设改革提升年”部署，深入贯彻“技能兴川、人才强省”战略，实施职工技能提升工程，大力开展岗位练兵、技能比赛、技术培训、技术交流等活动，调动广大职工学技术、比技能、创一流的积极性，全面提高产业职工队伍的整体素质。落实川渝两地工会战略协作框架协议要求，牵头承办川渝两地工会与人力资源和社会保障部门第一次联合举办的

“首届川渝汽车产业职工职业技能大赛暨 2020 年四川省汽车产业职工模具工技能大赛”，川渝两地 22 家一流汽车整车企业和零部件配套企业参加，前后动员和吸引了 10 万余名行业职工参与，加强了川渝两地产业工人合作培养，推动了两地人才、技术、资源实现互通共享，为加快成渝地区双城经济圈建设起到了积极作用。紧密结合产业发展所需，积极主动联合四川省人力资源和社会保障厅开展满足企业需要、职工欢迎的技能大赛，近年来先后牵头承办四川省水电行业发电集控值班员、电子装接工、钳工、焊工、涂装工等 10 余项省一类职工职业技能大赛，各项大赛第一名都获得了“四川省五一劳动奖章”和“省技术能手”荣誉称号，充分发挥技能竞赛在高技能人才培养、选拔、激励方面的引导作用，让竞赛成为职工展示才能、成长成才的平台和晋升技能等级的绿色通道。

五、注重关爱服务，推动共享发展成果

坚持从产业工人多样化需求出发，持续做好“四季送”服务品牌，推进工会普惠服务工作，大力提升服务质量，努力为产业工人办实事、解难事、做好事，以服务实效温暖人心、赢得人心。积极处理好供给侧结构性改革中产业工人权益保障和生活困难问题，多次深入企业调研，把资金、项目向困难企业和困难职工倾斜，将帮扶措施精准落实到户到人，仅 2020 年就争取供给侧结构性改革帮扶资金 110 万元。每年争取落实送清凉、“金秋助学”和送温暖等资金 130 万元以上，慰问企业一线职工和困难职工 5000 余人，送去党委政府和工会组织的关心关怀，确保系统内产业工人队伍的和谐稳定。把加强技术人才素质提升作为重要关爱行动，每年举办四川省机电冶煤系统劳模工匠人才素质提升培训班，选派高技能人才参加上级工匠学院培训，近年来已培训劳模工匠 500 余人次，使劳模工匠拓宽知识视野、开发创新思维、提高综合素质，为劳模和工匠人才自身进一步发展提供帮助。

下一步，四川省机电冶煤工会将认真落实本次会议精神，紧紧围绕上级关

于推进产业工人队伍建设改革的目标任务，立足本产业特点和优势，循序渐进、积极稳妥地加以推进，切实履行好产业工会指导、推动改革的职责，为推动产业经济和企业高质量发展贡献力量。

产业职工队伍建设改革圆桌论坛

四川省“十三五”汽车产业劳动竞赛表彰大会

四川省机电冶煤系统劳模和工匠人才创新工作室联盟揭牌仪式暨研讨交流活动

四川省职工职业技能大赛工具钳工大赛

聚焦改革　匠心赋能
全面建设高素质产业工人大军

潍柴动力股份有限公司

从制造业大国迈向制造业强国，是习近平总书记对中国制造业的殷切期望。作为行业排头兵，潍柴动力股份有限公司（以下简称“潍柴”）经过70多年的发展，特别是近20年的改革创新发展，已经成长为在全球具有重要影响力的装备制造业集团，成为中国装备制造业的领军企业，创造了民族工业改革发展的“潍柴样板”。

近年来，在全国、省、市新时期产业工人队伍建设改革系列精神的指导下，潍柴坚持“两改一建三保障”的总体思路，向改革要动力、用创新激活力、以制度保定力，造就了一支高素质、高技能产业工人大军。

一、深化“两项改革”，高标准战略谋划产业工人队伍建设机制

一是改革用人机制，提高产业工人在企业中的地位。潍柴成立产业工人队伍建设改革领导小组，先后制定《新时期产业工人队伍建设改革试点工作方案》《优化创新环境、释放创新活力十条意见》《一线员工技术创新工作实施意见》《人才创新激励政策实施细则》等制度，为深化改革提供制度保障。连续两年召开工匠工作专题会议，明确技能型人才的建设方向；把工匠创新纳入

潍柴“自主创新＋开放创新＋工匠创新＋基础研究创新”四位一体创新体系中推动；成立工艺工匠研究院、工匠协会等，有效提高了产业工人在企业中的地位。

二是改革评聘机制，打通潍柴特色工人成长渠道。我们为产业工人设计了高级工、助理技师、技师、高级技师、首席技师“五位一体”的晋升通道，涵盖近百个工种，坚持一年一聘、能升能降、形成常态。成立公司和单位两级评审委员会，制定专业技术能力标准，形成不同岗位工作职责矩阵和专业技术能力配置表，经严格考核后，人人持证上岗。建立破格聘任机制，对获得过国家、省、市级技能成果的员工直接破格聘任，充分体现了“能力决定位置”的理念。

二、创建“工匠体系”，高水平精心打造高技能集团强军

一是分级培育，完善工匠层级体系。依托潍柴职业大学，全面启动千名工匠培养计划，建立种子工匠、青年工匠、首席工匠三级培养模式，明确培养路径和目标、方式以及激励措施；通过积分制、末位淘汰制等管理模式，建立入库、使用、激励、评估、淘汰一体化机制。用 3 年时间，培养出 1000 名高端工匠人才，实现种子工匠知识化、青年工匠高端化、首席工匠国际化的目标。目前，潍柴培养出以大国工匠王树军为代表，以 16 名省级以上工匠、30 名潍坊市工匠、83 名潍柴工匠为骨干的大批高技能人才，打造了行业一流的高端工匠队伍。

二是加大投入，完善工匠创新体系。潍柴工匠创新工作站下设 9 个工匠创新分站、7 个劳模创新工作室和 45 个工匠创新工作室，累计投入资金 6860 万元。2021 年工匠创新工作室完成重大创新成果 420 余项，申请专利 48 项，改造设备 390 余台，以职工姓名命名的先进操作法 168 项，降本创效近 2 亿元。目前，公司拥有 1 个国家级技能大师工作室和 1 个全国、2 个省级、3 个行业、3 个市级劳模（工匠）创新工作室。工匠创新分站、创新工作室等遍布集团各

个领域、各类岗位，有效营造出一线员工学习工匠、争当工匠的良好氛围。

三是提高待遇，完善工匠激励体系。每年设置500万元专项基金用于激励一线职工创新。2019年，潍柴评选出10名创新型工匠，每人奖励10万元，王树军被评为“潍柴最受尊敬工匠”并获得50万元奖励。同时，提高高端工匠在企业年金、补充医疗保险、住房等方面的补助，让首席技师收入达到中高层领导干部标准。

三、聚力“三个保障”，高规格培养建设高素质产业大军

一是提智赋能，完善全员培训机制。根据不同群体分4个层次开展职工素质大提升活动，每年专项培训费用3500万元，培训员工达5万余人次。组织策划190余期工匠大讲堂，以生产问题为导向，重实践、接地气。建立“导师带徒、网上学习、线下培训、技能竞赛、岗位创新”的“五位一体”青年工匠培养机制，不断提升培训的专业性和实效性。

二是以赛促学，常态化开展技能比武。潍柴“百场万人技术大比武”已经成为企业的品牌，每年组织各类比武活动100余场，参与职工万人次，涌现出一大批工匠人才。近三年，潍柴员工获得国家级大赛特等奖1次、一等奖3次、二等奖4次，省赛一等奖6次，员工管亮、张云涛被授予“全国技术能手”称号，其他13名员工获得“山东省技术能手”称号、7名员工获得“齐鲁首席技师”称号、16名员工获得“潍坊市技术能手”称号、6名员工获得“山东省五一劳动奖章”。同时，竞赛成绩与公司年终考评、评聘晋升挂钩，极大激发了职工参与的积极性。

三是优化生态，增强员工获得感和归属感。“工作在潍柴，幸福在潍柴”。潍柴建立了岗位晋升、技能激励和创新奖励“三位一体”的价值分配制度。实施岗位积分晋升制度，每年员工晋升比例超过80%。设立技能绩效补贴，首席技师每月2000元，高级技师每月1000元，技师每月500元。创新实施股权激励、前置激励、破格晋升等政策，建立“潍柴科学家”“潍柴青年科学

家”荣誉体系，让每一名员工都能在潍柴的广阔舞台上，实现属于自己的梦想和价值。

潍柴将继续积极倡导“崇尚人才、相互成就”的发展理念，用最高的平台、最优的机制和最好的生态激发产业工人创新的梦想、创造的活力和创优的动力，为建设现代化装备制造业强国贡献“潍柴力量”。

大国工匠王树军（左三）、全国技术能手管亮（左二）、齐鲁工匠王平（左一）、潍坊工匠夏学军（左四）现场联合攻关

齐鲁大工匠汤海威主持完成的《内燃机高温运动件动态测量技术研究及应用》项目获得中国机械工业科学技术进步奖一等奖

潍柴大缸径发动机产品装调大赛

潍柴工匠协会拥有16名省级以上工匠、30名潍坊市工匠、83名潍柴工匠

建立健全技能导向激励机制
持续深化产业工人队伍建设改革

陕西法士特汽车传动集团有限责任公司

陕西法士特汽车传动集团有限责任公司（以下简称“法士特”）始建于1968年，旗下拥有10多家控股、参股子公司，是中国齿轮行业首家年产销超百亿元企业，各项经营指标连续18年名列中国齿轮行业第一，重型汽车变速器年产销量连续15年稳居世界第一，已跻身中国汽车工业30强、中国机械工业100强、中国制造业500强、国际国内汽车零部件“双百强”行列。

法士特始终秉承“尊重劳动、尊重知识、尊重创造、尊重人才”的人才战略理念，将产业工人队伍建设作为人才培养的重点，2021年4月，法士特被列入第二批产业工人队伍建设改革试点单位，集团公司根据企业实际情况，认真谋划试点工作方案，持续优化产业工人技能激励机制，完善产业工人培养体系，不断提高产业工人社会地位，努力建设一支知识型、技能型、创新型的新时代产业工人队伍。经过不断实践，推动产业工人队伍建设工作取得阶段性成效。

一、创建以技能为导向的激励机制，提高产业工人经济待遇

一是实行“五星员工”成长体系，增加“按技分配”要素，建立技能提升

与薪酬相匹配的联动机制。法士特把按技分配作为改革的重点，开创性实行“五星级员工”晋升评价体系，加大物质激励及精神鼓励力度，为技术工人岗位单独设置技能等级津贴，并进一步提高星级员工技能等级津贴标准，由原先的 100 ~ 1500 元提高到 200 ~ 2000 元，强化工资收入分配的技能价值激励导向，充分体现技术工人的技能价值，部分高技能人才的收入已达到工程技术人员同等水平。

二是打通技术工人晋升通道，建立常态化工资增长机制。每年度按照岗位价值、技能水平、业绩贡献等要素对员工进行星级评价，并对技能等级津贴进行相应调整，对技能津贴实行动态管理，通过对产业工人技能水平的评定实现星级动态调整。2021 年 1—6 月，共有 343 名表现优秀的产业工人通过技能水平提升获得了星级晋升，收入得到了增长；229 名工人因技能水平不符合当前标准被降级。

三是加强对技能人才创新成果激励。鼓励高技能人才通过自身技术优势改进工艺方法，促进工作效率和质量提升，公司首次开展以职工名字命名优秀创新成果，如“周旗摩擦环碳布自动粘接机”“张福利拉床去屑法”“付芳红剃刀刃磨精准调整法”，并对职工予以重奖，最高奖励达到 30 万元。以职工名字命名创新成果，极大地激发了员工的创新创造意识，营造了尊重知识、尊重创新的浓厚氛围，进一步提升了企业核心竞争力。

二、构建以任职资格标准为导向的培养体系，提高产业工人技能水平

一是建立产业工人任职资格标准，精准定位关键技能人才。根据产业工人改革方案的目标要求，采用行业对标、管理访谈、问卷调研等专业方法，以搭建智能制造技能人员序列任职资格标准为突破口，对现有集团产业工人队伍的技能水平进行了全面梳理，识别出技能工人三大序列的 6 项通用能力、63 项专业能力指标。基于技能人员任职资格标准，通过理论考试、实操评定、360 度测评等手段，盘点出 1143 名核心技能人员作为重点培养对象，为企业转型

升级做好人才储备。

二是加强技能大师（劳模创新）工作室建设，打造技能人才孵化基地。加强省级技能大师（劳模创新）工作室建设，并于 2021 年为 8 名优秀的法士特工匠成立技能大师工作室分站，充分发挥高技能人才培养的引领作用，按照“学、练”同抓的方式定期组织法士特工匠、高级技师等高技能人员按照培养计划对技术工人进行理论、实操培训，开展“名师带徒”活动。充分发挥技能大师（劳模创新）工作室平台优势，组织协同高技能人才立足实践进行技术改进和技术创新，2021 年上半年各技能大师工作室按照项目制形式牵头组织创新项目 7 项，获得专利 3 项，充分发挥高技能人才的技术优势。以技能大师（劳模创新）工作室为依托，先后培养三秦工匠 2 人、机冶建产业工匠 3 人、宝鸡工匠 2 人，西安工匠 1 人。

三是开展技能等级自主评价，优化产业工人培养体系。持续优化技术工人岗位培训体系，构建具有鲜明特色、涵盖十大核心工种、符合企业实际生产需要的技能人才培养体系，开展 5 个核心岗位的 145 名等级工的技能等级自主评价工作，精准打造具有法士特特色的技能人才队伍。结合法士特“蓄能行动”人才培养规划，搭建智能制造产业工人任职资格标准体系和以能力标准为导向的学习地图，对现有技术工人进行数字化转型培养，实现产业工人队伍由传统生产操作型向智能制造复合型转变。2021 年上半年共组织线上线下培训 401 场，覆盖 37024 人次。

四是探索企校合作创新模式，构建产教融合培养平台。不断探索企校合作新模式，推行以“招工即招生、入企即入校、企校双师联合培养”为主要内容，以企校双师带徒、工学交替培养为主要方式的新型模式，将院校优势师资资源与企业特色培训资源互补，结合实际合作开发适合在岗技术工人学习的特色理论教学和实操课程，培养具有系统理论知识和丰富实践经验的高水平产业工人队伍。法士特先后获得“陕西省高技能人才培训基地”“西安市高水平专业化产教融合实训基地”“陕西装备制造业职业教育集团校企合作先进单位”“西安市莲湖区技能人才见习基地”等荣誉称号。

五是组织各类劳动竞赛比武，快速提高整体技能水平。为鼓励职工技能成长、岗位成才，法士特按照“技术比武不间断，切磋技艺常态化”的宗旨，开展各类技术比武活动，为职工提供了展示个人技能、互相切磋学习的平台，营造了“比、学、赶、帮、超”的良好氛围，加快员工技能水平的整体提升。2021年，在公司数字化转型的关键时期，选拔优秀高技能人员参加第九届全国数控技能大赛，在数控机床智能化升级改造赛项中获得职工组第八名的历史最好成绩，荣获大赛二等奖。2021年8月，集团公司积极承办陕西省机械冶金建材工会“法士特杯”职工职业技能竞赛，助力我省“十四五”经济发展开好局、起好步。

三、完善以职工权益为核心的保障体系，提高产业工人社会地位

一是提高产业工人政治待遇，打通建言献策沟通渠道。集团公司不断通过各种途径提高产业工人，特别是高技能领军人才的政治待遇和社会地位。在集团公司九届一次工会常委会上，选举“全国五一劳动奖章”获得者、“法士特工匠”、壳体三车间加工中心高级技师李锋为法士特工会副主席。在集团公司职工代表大会中，将工人代表的比例增加到33.7%，真正实现厂务公开、业务公开，并在重大决策中积极听取产业工人代表意见和建议，保证产业工人的主人翁地位。

二是提高产业工人福利待遇，增强职工幸福感。全体产业工人享受集团公司给予医疗保险、职工健康体检、住院+意外综合互助保险等福利。同时，给予法士特工匠，在聘高级技师、技师和在省级及以上技能大赛获奖人员政策性分房资格奖励；依据企业年金方案，给予在聘高级技师、技师，公司级先进员工一定的年金奖励；帮助解决高技能人才子女上学问题。

三是大力开展劳模宣传活动，评优树模弘扬工匠精神。法士特将每年5月定为公司“先模宣传月”，聚焦工匠劳模，在内网、微信公众号等平台和厂电

视台、厂报等专题专栏宣传劳模精神、工匠精神，并举办劳模座谈会、劳模事迹报告会，在公司内部形成学习劳模、崇尚奋斗、创先争优的浓厚氛围。公司现有“全国劳动模范”2 名，“全国五一劳动奖章”获得者 2 名，省部级劳模 5 名，“陕西省五一劳动奖章”获得者 3 名，市级劳模 12 名，中国工会十七大代表 1 名。

集团将继续贯彻产业工人改革各项政策要求，不断优化培养模式，大胆实践激励机制，激发高技能人才创新活力，带动更多的产业工人立足岗位，苦练本领，创新创造，争做新时代的奋斗者，让精益求精、追求卓越的工匠精神代代传承。

公司职工参加第七届全国职业技能大赛决赛

陕西法士特集团公司2020年工作会议对产改创新项目进行表彰

产业工人队伍建设改革专题辅导

举办2021年“法士特杯”职工职业技能竞赛

赋能产业工人队伍　助力一汽高质量发展

中国第一汽车集团有限公司

中国第一汽车集团有限公司（以下简称“中国一汽”）高度重视和加强新时期产业工人队伍建设改革工作，2018 年 11 月，公司制定下发了《中国一汽党委关于贯彻落实〈新时期产业工人队伍建设改革方案〉的实施意见》，明确 5 个方面 16 项重点工作任务，有序推进产业工人队伍建设改革工作。2020 年，制定下发了《集团公司关于加强和改进新时代产业工人队伍思想政治工作的实施方案》的配套文件，从制度上保证产业工人队伍建设工作。

一、企业工会加强和改进产业工人队伍思想政治建设

一是突出思想政治引领。各级工会体系联动，通过层层宣讲、专题培训、交流研讨、网络答题等形式，掀起学习习近平总书记视察中国一汽重要讲话精神和党的十九届五中全会精神热潮，推动讲话精神和全会精神进企业、进车间、进班组，引领广大职工坚定理想信念、筑牢思想根基、汇聚奋斗共识，坚定不移听党话、矢志不渝跟党走。

二是大力弘扬劳模精神。认真学习贯彻习近平总书记在全国劳动模范和先进工作者表彰大会上的重要讲话精神，弘扬劳模精神，激发奋进力量。发挥榜样引领作用，充分利用“报网台”和“两微一端”全媒体平台，大力宣传先进

典型，激励职工“比、学、赶、超”。在《工人日报》、腾讯新闻、搜狐新闻等主流媒体，全方位宣传一汽解放吴碧磊、一汽－大众金涛、一汽红塔谢卫兵3名“全国劳动模范”感人事迹。开展12场“工匠直播”活动，广大职工聚集云端、共话匠心，学习观摩超过10万人次。

三是构建荣誉激励体系。选树各类先进典型事迹，通过表彰会、荣誉墙、网上展厅等形式，增强责任感，塑造仪式感，培育自豪感，营造学习先进、崇尚先进、争当先进、赶超先进的浓厚氛围。评选一汽劳动模范、五一劳动奖章、一汽工匠、模范单位等先进集体199个、先进个人188名，3人荣获“全国劳动模范”称号，1人荣获2019年“大国工匠年度人物”称号，4人荣获吉林省或长春市“五一劳动奖章”，17人荣获“长春工匠”称号，尊重劳动、崇尚技能、鼓励创新的氛围更加浓厚。

二、产业工人人才培养

一是强化企业职工教育培训。打造学习型组织，穿透培训管理。创立“领导分工责任制”管理模式，由董事长、党委书记任总负责人，党委常委任各专业领域负责人，各分公司和子公司一把手任本单位负责人，逐级承担起培训培养责任。董事长和班子成员带头走上讲台，大咖云集、树立典范；业务骨干致力于课程开发，萃取经验、传播智慧；各体系和部门通过5/6点工程对标最佳实践，持续赋能、助力成长。广大员工紧密依托线上线下载体，学习新知识、新理念、新工具、新方法，学用结合，学以致用，形成了浓厚的学习氛围。中国一汽年均投入教育经费约1.5亿元，其中领导干部教育经费占比约40%，专业人才教育经费占比约40%，技能人才教育经费占比约20%。人均年受训190余个学时，其中领导干部人均受训320余个学时，专业人才人均受训210余个学时，技能人才人均受训140余个学时。赋能三支队伍，支撑改革发展。聚焦各层级领导干部TOP3能力短板，实施差异化培养，提升领导干部推动企业高质量发展能力；对专业技术人才聚焦痛点、分层施策，实施数字化等专业实战化培训，支撑集团战略转型；构建优秀技能人才队伍，通过“教练传评赛”五位一体技能人才育成法，提升智能制造能力。构建能力标准，引领能力跃迁。创新建立并迭代优化246套专业能力模型、72套技能人才职业技能标准，为培训培养和能力考核提供依据。为强化机制保障，出台《干部培训培养四原则》，“人人有计划、学时要达标、领导上讲台、逢训必考核”成为常态。

二是推进企业职工技能评价工作。深入贯彻落实中共中央、国务院关于技能人才评价改革以及人力资源和社会保障部关于开展技能人才职业技能等级认定试点工作等文件要求。一汽大学于2019年底正式启动职业技能等级认定体系建设工作，全年组织11家分公司和子公司的20多名培训体系人员以及273名专业技术专家，共完成7项管理制度、72套职业标准、288个技能等级培训大纲、涵盖10万个知识点的细目表以及40万道考试试题的编制，并搭建了职业技能等级认定数字化管理平台。2020年8月14日，中国一汽通过人力资源和社会保障部资质审核，取得电工、磨工等71个职业（工种）自主开展技能人才评价资质，为中国一汽8万名技能人才成长成才奠定了坚实基础。

三是发挥工会在促进职工技能提升方面的积极作用。构建党委领导、行政支持、工会搭台、部门协同、职工参与的技能大赛工作格局，持续完善“培训、竞赛、晋级”三位一体竞赛机制，实现技能大赛制度化、常态化、长效化。固化数控机床装调维修、工业机器人应用技术、乘用车整车装调等15个集团级核心工种三年一循环，结合基层实际自办特色工种，实现年年有赛事、届届有亮点。围绕汽车“新四化”发展需求，以百工种职工技能大赛为主体，集团主办和基层自办相结合，做强传统竞赛工种，拓展新能源汽车装调、智能网联设计等新兴业务领域工种比赛，确保各工种应赛尽赛、全员覆盖。自2009年至今，公司已成功举办九届百工种职工技能大赛，35万人次参与。5年来选派近千名优秀选手参加全国及省市27个工种大赛，共有339人斩获117个奖项，国内外大赛摘金夺银。通过大赛，培养出李凯军、牟少志、杨永修、黄维祥等一批全国著名的高技能领军人才，中央企业技术能手193名，省市工匠 107 名，一汽技术状元和技术能手 1000 名，年均培训职工 1.5 万人次、导师带徒 1000 多人次。

四是深化职工创新创效活动。健机制、夯基础，搭建职工创新体系。建立职工创新大会、现场观摩会、成果发布、成果共享等工作循环机制。发布中国一汽数字化创新服务平台，逐步实现职工创新项目实时在线、动态管理、效果评价等 P-D-C-A 的闭环管控。集众智、汇众力，跑出创新“加速度”。围绕生产经营找难点、攻难关、解难题，发动全员动真招、出实招、用绝招，深入开展“献一计”“QC 小组”等全员改善活动，推进职工创新出成果、见实效。5 年来，在聚焦技术创新、提质增效、成本改善、管理提升等方面征集职工合理化建议 230 万项，实施 190 万项，实施率 82.6%，节创价值 17.3 亿元，职工参与率达 89.3%，总结推广先进操作法 120 多条。树匠心、育匠人，劳模创新工作室示范引领，深化“六层六有”职工（劳模）创新工作室创建（六层：国家级、省级、市级、集团级、分公司和子公司级、工厂级；六有：有带头人、有阵地、有目标、有设施、有团队、有成果）。截至 2020 年底，创建国家级工作室 6 个、省部级工作室 10 个、市级工作室 22 个、集团级工作室 78 个。发挥工作室攻关创新和技能传承作用，5 年来，工作室共计完成创新项目 1200 项，实现专利 63 个，培训职工 4.3 万人次，培养各级工匠 110 多人。

三、企业工会运用互联网促进职工队伍建设

适应时代发展潮流，把准职工需求脉搏，强化互联网思维，在公司党委和上级工会的坚强领导下，积极践行“双关心、双成长”（企业关心员工、员工关心企业，促进员工和企业共同成长）理念和“惠员工”战略，打造“两卡一网”（员工成长关心卡、员工健康关爱卡、员工生活关怀网）服务员工数字平台，探索出线上线下有机融合、迭代更新的职工服务之路。

一是搭建“员工成长关心卡”——创新赋能模块。帮助员工明确职业发展方向，赋能员工快速成长，营造良好发展生态。以关爱员工全职业生涯旅程为

主线，构建“发展解码、能力解析、自我修炼、达人圈”四大应用场景。围绕员工“绩优、能强、心怡、身健”，通过数字化思维和手段打造全员发展数字化集成平台，构建企业与员工命运共同体，推动员工以十足的精气神、骄人的业绩、出众的能力、昂扬的斗志支撑集团公司实现高质量“跃迁式”发展。

二是搭建“员工健康关爱卡”——愉悦身心模块。通过设立体检档案管理、运动打卡积分、营养健康指导等功能，为员工提供个性化健康指导，系统地管理身心状态。健康关爱卡分线上和线下两部分，线上包含健康广场、运动空间、营养沙龙 3 个模块的 9 项主要功能。健康广场包含健康扫描、健康快线、内心探索、贴心呵护 4 项功能。通过体检数据、在线医生、心理测评等方式，使员工进一步了解和管理自己的身体状况。运动空间包含运动令牌、运动相约、运动宝典 3 项功能。通过预约系统，完成任务、积分兑换，激励员工加强锻炼。营养沙龙包含营养有一套、燃烧卡路里两项功能。通过推送文章分享，计算能量消耗，使员工了解健康和营养知识。线下包含健康顾问、医疗室服务两个功能，通过为员工提供贴心的面对面服务，配备血压监测仪等仪器，及时发现员工健康问题，达到改善员工健康的目的。

三是搭建“员工生活关怀网”——便捷服务模块。生活关怀网包括便捷生活、快乐生活、生活帮扶三大模块。便捷生活分设“特惠商超”“特惠团购”“积分兑换”3 项功能，为中国一汽员工建立专属电商平台，为员工提供物美价廉的商品；设立“领导奖励积分”“慰问专区兑换”“积分商城”等专栏，实现员工积分获取及兑换。快乐生活分设“协会趣吧”“运动约吧”“员工秀吧”“婚恋交友”4 项功能，为员工组织开展各类文体活动、创建或发起运动邀约、展示自我风采、婚恋交友等搭建线上平台。生活帮扶模块分设“困难帮扶”“大病救助”“关爱互助”“子女助学”4 项功能，实现申请、审核、帮扶等线上快速办理，提升帮扶时效性，解决员工实际困难。

“两卡一网”数字化平台从“建起来”到“用起来”再到“管起来”，实现了员工关爱服务工作的在线化、场景化，破解了员工服务工作中的难点、堵点、痛点问题，优化了工作流程，完善了工作机制，创新了服务载体，提高了服务效率，取得了显著成效。

“十三五”期间，中国一汽销量从310万辆增长到370万辆，年平均增长4.5%；营业收入从4300亿元增长到7000亿元，经营质量和效益不断提高。特别是红旗品牌实现跃迁式增长，销量从2017年的4700多辆跃升至2020年的20万辆，3年多时间增长了42倍，2021年将全力冲刺40万辆的目标，奋力向豪华汽车品牌第一阵营冲刺。2020年7月23日，中国一汽迎来了高光时刻，习近平总书记视察中国一汽，“风景这边独好”的充分肯定，“自主掌控关键核心技术”“树立民族汽车品牌”“打造世界一流企业”“为汽车强国作贡献”的发展要求，极大地激发了全体干部职工的信心和斗志，成为一汽人奋勇前行的不竭动力！

攻坚克难的“大国工匠”李凯军

红旗星火

聚精会神的“全国劳动模范”齐嵩宇

绽放

深入理解产改内涵
多维度打造企业人才队伍

安徽江淮汽车集团股份有限公司

安徽江淮汽车集团股份有限公司（以下简称“江汽集团”）始建于1964年，是一家集全系列商用车、乘用车及动力总成研产销和服务于一体，涵盖汽车出行、金融服务等众多领域的综合型汽车企业集团，致力打造一个“全生态链、全产业链、全价值链”的综合性汽车服务平台。现为安徽省12家重点企业集团之一，先后荣获国家火炬计划重点高新技术企业、中国企业500强、中国汽车品牌前5强，是全国首家荣获我国工业领域最高奖项——中国工业大奖的综合型汽车集团。

根据党中央、省委产业工人队伍建设改革重要部署，江汽集团结合实际，由公司党委领导、工会牵头，组织多部门研讨，形成公司产改承接方案，多维度打造人才良好成长环境。

一、从根源确立指导思想

公司《关于推进新时代技能人才队伍建设改革的实施方案》（以下简称《江汽实施方案》）中明确提出：全面贯彻党的十九大精神，以习近平新时代中国特色社会主义思想为指导，落实新发展理念，推动高质量发展。遵循技能人才成长规律，着力解决现行公司技能人才队伍与企业转型升级要求不相适应的问题。营造积极氛围，创新制度机制，为江淮汽车深入践行“六化”要求，实现江淮汽车高质量、可持续发展，推动我国由汽车大国向汽车强国转变提供坚实的技能人才支撑。

《江汽实施方案》基本原则：坚持党管人才、战略导向、需求导向、问题导向和效果导向。

《江汽实施方案》目标任务：不断完善校企合作协同创新的培训体系，开展多种形式的技能培训，建立比较完善的以技能建设为核心，培养使用、考核评价、竞赛选拔、技术交流、表彰激励、合理流动相互衔接的技能人才工作机制。争取到 2025 年，使集团公司高级工以上的高技能人才占生产一线员工比例达到 40% 以上，并带动初级、中级技术工人队伍梯次发展，推动新时代集团公司“六化”发展战略落地实施，努力把江淮汽车建设成为具有国际竞争力的技能人才高地。

《江汽实施方案》组织保障：包括加强组织领导、推进分类实施、营造良好氛围、开展考核督查四个方面。此外，根据方案主体内容，制定了重点任务分工推进表，进一步对任务内容、责任单位和时限要求做了明确规定。

二、因地制宜，制定 7 个方面共 17 条具体举措

一是创新技能人才评价体系，打通成长成才路径。一方面，建立职业资格、职业技能等级与专业技术职称贯通制度，打通生产技能人才与技术研发人才的职业发展通道，具有技师、高级技师职业资格的高技能人才可参加工程师、高级工程师任职资格评审。同样，鼓励符合条件的技术研发人才直接参加高级以上职业资格鉴定和技能等级认定。另一方面，建立更加精准的技能人才自主评价机制，对从事《国家职业资格目录》以外的职业（工种）的技能人员，参照国家职业标准，制定公司标准和岗位规范，开展自主评价并发放职业技能等级证书，并明确相应待遇。

二是夯实技能人才载体建设，巩固技能培养主阵地。一方面加大技能大师工作室创建力度。完善《技能大师工作室管理办法》，围绕省市级技能大师工作室建设，加大对高技能领军人才培养力度，鼓励高技能领军人才更多参与公司重大技术研发项目，开展项目攻关活动，参加高层级技能大赛，专利申报、成果评选，发挥技能大师工作室在人才培养、技术创新等方面的重要作用。另一方面进一步发挥技能实训基地功能优势。按照“人才培训基地对接产业集聚基地”思路以及统筹规划、产教融合、工学结合、资源共享、示范引领的原则，逐步建成设备条件好、运行机制灵活、管理水平高、育人成效明显的初、中、高三级技能训练场。

三是深化产教融合校企合作，构建协同培养模式。推行“新型学徒制”，建立技能人才需求预测和培养规划对接机制，依托职业院校共同开发教学资源、共同确定培养方案，推动职业院校专业课程设置与公司经营生产相匹配，把行业标准、岗位要求等作为教学质量评价的重要依据。加强“双师型”教师队伍建设，鼓励高技能人才到职业院校担任特聘教师；建立职业院校教师定期到公司实践锻炼制度。

四是完善职业技能大赛体系，建立成果转化机制。健全以国家、省市级技能大赛为引领，公司级技能大赛为主体，岗位练兵、技能比武活动为基础的职业技能大赛体系。围绕备战国家技能大赛需要，选拔优秀选手并做好梯次建设。加大力度改善优秀选手备赛条件，组建集团公司国家级技能大赛集训队，建设集训基地并给予资金支持。建立职业技能大赛成果转化机制，并进一步完善技能大赛奖励制度。

五是提高技能人才待遇水平，解决切身利益问题。一是提升技能人才政治地位。持续强化和创新产业工人队伍党建工作，加大在技能人才及一线关键岗位、艰苦岗位中发展党员的比例与工作力度；适当增加高技能人才在公司党代会代表中的比例，积极推荐技能人才中的模范人物作为县区、省市、国家党代表、人大代表、政协委员、职工代表、群团代表人选；将高技能领军人才纳入集团公司党委联系服务专家范围；邀请高技能领军人才列席公司党委会、总经理办公会、经济运行分析会等公司重要会议；探索建立高技能领军人才在工会、群团组织挂职、兼职制度等。二是提高技能人才经济待遇。做好汽车行业技能人才薪酬对标，科学确定技能人才薪酬水平，逐步提高技能人才工资水平；强化工资收入分配技能价值激励导向，在工资结构中设置体现技术技能价值的工资单元；实行高技能领军人才年薪制和股权激励计划；对高技能领军人才实行返聘；对引进的紧缺急需的技能人才可实行协议工资制。三是提升技能人才社会地位。根据实际情况和公司政策，通过提供人才公寓和发放购（租）房补贴等方式，解决高技能人才住房问题；对高技能领军人才配偶、子女有就业愿望但未就业的，工会和人力资源部门积极提供职业指导和就业前培训，推荐就业岗位；落实《员工带薪年休假管理办法》和《员工假期管理办法》，确保技术工人休息休假权利；落实高技能领军人才疗休养规定，做好对劳模技能人才和党委联系的高技能领军人才带薪疗休养和体检工作；完善对生产一线技术工人的劳动保障、困难帮扶和大病救助机制。

六是实施技能提升行动计划，打响“江汽工匠”品牌。包括实施高技能领军人才培养选树计划；高技能人才“走出去、引进来”计划；营销服务技能人才培训和技能提升计划；以加强技能人才终身培训为目的，实施“互联网+技能提升”计划等方面内容。

七是加大技能人才激励力度，弘扬劳动光荣的时代风尚。加大对技能人才工作的奖励和激励力度；落实对国家级、省市级技能大师工作室专项工作资助；引导高技能领军人才参与各级各类技术研发项目以及创新成果评选、展示等活动，切实保障高技能领军人才的知识产权权益。褒奖获得国家级、省市级技能奖项的公司优秀高技能人才，充分发挥其在科技创新、成果转化、人才培养等方面的突出作用，鼓励各单位以各种方式对优秀高技能人才进行表彰激励。

在制定《江汽实施方案》期间，江淮汽车启动公司人力资源优化工作，重新优化梳理技能操作岗位层级设置；启动技能操作岗位自主评价方案；启动校企合作项目，与安徽汽车工业技师学院签订“新型学徒制培养合作协议”；启动高技能人才“对标创奖”项目，组织各单位针对技能大师和岗位骨干开展高技能人才“树标杆、找差距，对标创奖”活动，策划和编制技能人才培养和创奖方案；对接合肥市公共实训中心，详细了解师资、课程和实训硬件资源，为开展技能人才专项培训和建设赛训基地做前期准备。

此外，现阶段在政策思路下沉方面，要求各基层单位深入领会相关政策规定，制定对策，落实精神。同时，通过电视、互联网、微信公众号等宣传平台加强对推进产业工人队伍建设改革的宣传，广泛宣传先进典型，营造尊重劳动、崇尚技能、鼓励创造的氛围。

“全国劳动模范”汪清在给学员上课

连续多年组织开展技能大赛，提升员工技能

“全国五一劳动奖章”获得者盛保柱在生产现场进行项目调研

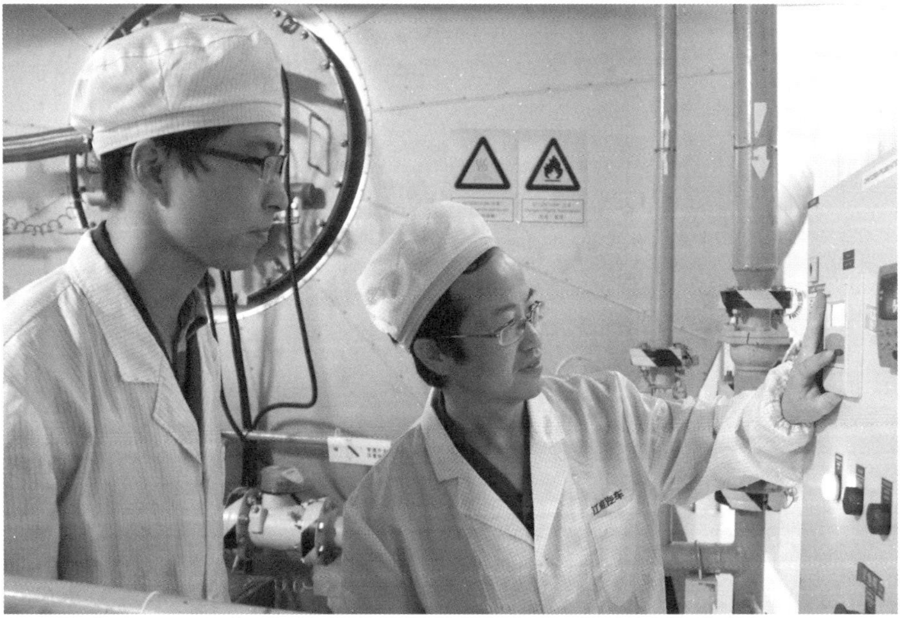

涂装工艺整改

创新驱动　聚力赋能
打造高素质产业工人队伍助力企业发展

北京汽车集团有限公司

近年来，北京汽车集团有限公司（以下简称“北汽集团”）坚持以习近平新时代中国特色社会主义思想为指导，认真学习习近平总书记关于工人阶级和工会工作的重要论述，坚决贯彻落实党中央、北京市关于推进产业工人队伍建设改革工作部署，从加强顶层设计入手，高位推进产业工人队伍建设改革工作。在集团党委的统一领导下，北汽集团成立推进产业工人队伍建设改革试点工作领导小组，并设立专项工作小组，由集团工会总体牵头负责推进。同时在深入研究、反复论证的基础上，制定了《北汽集团工会落实北京市产业工人队伍建设改革试点工作的方案》，对工作目标、组织领导、具体措施以及工作安排进行系统性设计，明确聚焦产业工人思想引领、建功立业、素质提升、地位提高、队伍壮大等重点任务，积极稳妥推进改革，重点围绕职工创新联盟先行先试、精准发力打造高技能人才队伍，探索形成了具有北汽集团特色的工作模式，取得了良好成效。

一、突出思想政治引领，增强产业工人队伍的先进性和职业荣誉感

一是通过全员大讨论、专题培训班、职工知识竞赛等形式在职工中开展

“双梦”教育活动，并通过工会微信公众号、客户端等创新传播载体。在党史学习教育期间，发布各类以党史学习教育、庆祝建党100周年为主题的系列宣传报道百余篇，开展北汽集团职工全员党史知识答题活动，参与职工超过16万人次，将教育活动推进到各级企业，各个车间、班组。围绕企业中心工作在全系统开展“投身改革我先行”职工主题宣传教育，通过月度集中学习、先进事迹视频展播、改革知识问答、合理化建议提案等方式引导职工积极参与，为企业改革发展建言献策，宣教覆盖率达100%。

二是坚持举办五一表彰大会、劳模先进代表座谈会，成立北汽集团劳模协会，通过拍摄劳模微视频传播闪光点，通过开展劳模事迹展扩大感染力，通过建设劳模风采墙固化光荣榜，通过举办工匠人物发布会弘扬正能量，邀请劳模工匠走进直播间分享成长经历，策划劳模文艺作品提升传播性。2020年北汽集团再次新增2名“全国劳动模范”、20名省部级劳动模范，人数、规模继续领跑北京全市。在中国工人出版社出版《群英谱》，连续30年不间断为北汽集团劳模先进人物、先进事迹出书立传。在连续2届“北京大工匠”评选中，北汽集团共有3名职工荣获“北京大工匠”荣誉称号，并以红五月为契机发布工匠精神微视频《致敬每一个奋斗的你》，与《北京日报》客户端联合策划推出“北汽工匠说党史”视频专题，向社会各界全面展现北汽集团改革发展成果和北汽集团劳模工匠风采，激励鼓舞全体职工投身北汽集团改革实践。

多年来，北汽集团共有206名职工先后获得省部级以上劳动模范（五一劳动奖章）荣誉称号，目前在职的94名劳动模范中党员达到88%，充分代表了北汽集团产业工人队伍的先进性。

二、搭建创新体系平台，在增强产业工人建功立业实效性上展现新作为

一是建立职工创新机制。成立“北京汽车集团有限公司职工技术协会”，协会包括20家理事单位，从劳动竞赛、技能大赛、职工创新等多个角度，更

加规范系统地开展职工经济技术创新工作。以首批 12 个标杆创新工作室为典型，对集团内不同业态企业进行分类，充分结合企业特点和职工创新人才建设计划，制定职工创新工作室“必有专门场地、必有专门经费、必有固定人员、必有专业带头人、必有日常工作项目”的“五必有”原则，并通过对集团级、企业级、工厂（分厂）级职工创新工作室进行攻关式推动，累计建设企业级职工创新工作室 316 个，工厂级职工创新工作室近 800 个，将 13200 余名职工纳入职工创新工作室体系，实现创新有场地，交流有平台，“五小”有支撑。

二是大力推进标准化建设。建立工作室星级评定机制，成立职工创新专家委员会，每两年进行一次工作室星级评定，设立专项经费，分星级进行奖励，实现优者上、强者奖、差者退，共授予 18 个集团五星级工作室，44 个集团四星级工作室，106 个集团三星级工作室，其中获评北京市级工作室 17 个，国家级工作室 4 个。

三是积极布局建设创新联盟。建设纵向由研发、制造、销售、服务组成，横向由合资、自主组成的网状创新联盟模式，既有传统的研发—生产联盟，也有以轻量化、电动化等为特点的主题联盟。五年来，累计挂牌 13 家“北汽职工创新工作室联盟”。同时，为更大力度地推动创新工作协同开展，从技能层面依托北汽技师学院，从生产层面依托自主品牌主基地（北汽株洲）建立了两个职工创新中心，并升级建设首个职工创新基地。

三是打通成长、成才通道。坚持以“以赛代训、寻找差距、提升水平”为思路开展“一赛两训”，即举办覆盖多工种的集团级职工技能大赛，创新开展“千名工会小组长进课堂”“班组长能力双提升”两个品牌化培训项目。近年来，累计 30000 余名职工参与其中，3000 余名职工通过技能大赛获得技能等级的提升，并将劳模先进评选、首席技师津贴、生产管理者提拔任用等优先向技能人才倾斜。在 2021 年北汽集团承办的叉车工、机器人操作调整工两项北京市市级职工职业技能大赛中，两名技能人才成功晋级，代表北京市参加了全国决赛。同时，职工创新工作室每年组织开展创新立项 1000 余项，累计解决生产实际问题近万种，产生经济效益超亿元。仅以全国劳动模范赵郁工作室为例，共计完成攻关项目 90 余项，技术创新获奖 10 项，累计创造经济效益超过 2500 万元。此外，职工创新工作室通过立项攻关培训、新员工培训等方式培养出一大批政治过硬、技能专精的创新工作室带头人和产业工人队伍，获得全国、北京市各类技能大赛冠亚军 58 项次，在“林德杯”叉车比赛、中德汽车维修工对抗赛等世界级比赛中获得优异成绩。越野车创新工作室项目入围全国科技进步奖五强，从工作室带头人中相继涌现出赵郁、吴端华两名全国人大代表，一大批技能人才成为工厂车间管理者。2021 年，全系统职工创新工作产生优秀成果 60 项，474 名职工的创新项目在北京市发明大赛上获奖，获奖职工在全市范围内进行工作经验交流。

三、不断创新完善服务工作体系，建设产业工人可信赖、可依靠的职工之家

一是推进职工之家全覆盖。开展职工之家建设行动计划，并迅速覆盖全部二级企业和重点三级企业，探索建立了北汽集团江苏区域企业工会主席联席会机制，北汽（株洲）配套企业工会联合会、北京汽车零部件行业工会联合会等京外区域共建机制，完成了德黑兰、伊丽莎白港、约翰内斯堡 3 个境外职工之家的建设，实现职工之家全覆盖，增强产业工人归属感。全系统共建成模范职工之家 80 余个，累计有 10 个职工之家获得省部级以上“模范职工之家”称号。

二是切实提升维权能力。积极推进工资集体协商、集体合同工作，实现国有企业建制率达到 96%，非公企业建制率达到 90% 以上；扎实推进职代会制度建设，完成集团级职代会的试点建设工作，指导规范基层企业抓好职代会日常工作，发挥各专门委员会在推进企业民主管理、厂务公开方面的重要作用，在制度安排层面保证了产业工人的主人翁地位。

三是做实关爱帮扶。制定“我为职工办实事”19 项重点任务清单，开通

基层服务热线，及时了解职工所想所需。坚持按照“普惠制、全覆盖、向一线倾斜、向重点项目倾斜”的原则开展“双送双助五帮扶”，近年来累计投入资金上亿元为劳模先进、女职工、在档特困职工、意外致困职工、大病致困职工、困难职工子女送去关爱慰问。新冠肺炎疫情防控期间，投入资金超2600万元为全体职工配备消毒防疫物资，在急难险要关头送去来自家人的关爱，“有困难，找工会！”的口号在全市率先叫响，让产业工人工作和生活更有保障。

四是拓展服务通道。构建“宣传引领在网络，服务学习在掌心，互动交流在直播”的智慧工作新模式，推进工会工作与互联网的深入融合。建立微信订阅号“幸福北汽e家”，掌上职工之家“幸福北汽”App实名注册职工9万余人，设立“北汽职工+直播间”，开展覆盖企业全域的直播活动；积极利用成熟的网络载体，与央广新媒体公司合作，开展“云听北汽”系列活动，初步形成适应北汽集团跨区域、多业态发展的，以“一号一网一直播”为主要内容的“幸福北汽”线上工作体系，并先后以“线上+线下”的方式组织开展职工“家”年华等特色品牌活动超300余项次，服务产业工人的通道得到极大拓展。

下一步，北汽集团将坚持以推进产业工人队伍建设改革为目标，不断提升工作水平，做职工成长搭台者、企业发展铺路人，进一步强化职工思想引领，切实凝聚职工发展力量；大力开展职工创新工作，激发工会基层小分子结构活力；着力提升职工技能水平，进一步夯实企业发展基础；加快建设一支宏大的知识型、技能型、创新型产业工人队伍，为产业经济高质量发展提供有力支撑，为实现第二个百年奋斗目标、实现中华民族伟大复兴的中国梦作出应有贡献！

北汽集团工会“千名工会小组长进课堂”培训班

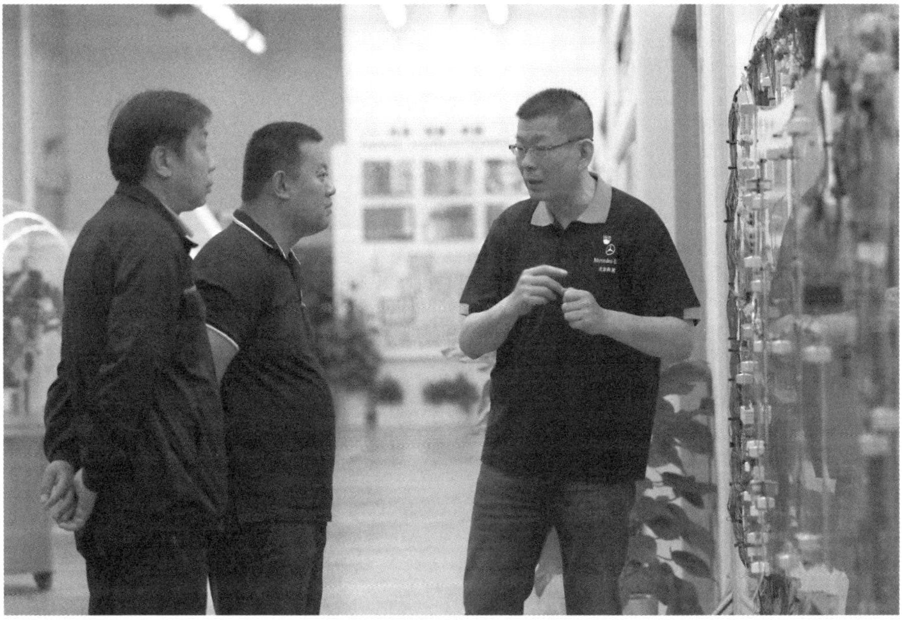

北汽集团赵郁职工创新工作室工作交流

北汽集团职工创新基地揭牌仪式

北汽职工“家”年华活动

借产业工人队伍建设改革东风
铸世界一流节能环保健康铁军

中国节能环保集团有限公司

中国节能环保集团有限公司（以下简称“中国节能”）工会在中国机械冶金建材工会和集团党委的坚强领导下，坚持以习近平新时代中国特色社会主义思想为指引，全面深入学习贯彻习近平总书记关于工人阶级和工会工作的重要论述以及关于产业工人队伍建设改革的重要指示精神，紧扣“推进产业工人队伍建设改革，落实产业工人思想引领、建功立业、素质提升、地位提高、队伍壮大等改革措施，造就一支有理想守信念、懂技术会创新、敢担当讲奉献的宏大产业工人队伍”的指示精神，高度重视职工队伍建设在推动集团高质量发展中的极端重要作用，按照政治上保证、制度上落实、素质上提高、权益上维护的总体思路，全心全意依靠广大职工，不断加强产业工人队伍建设，为加快建设一支壮大的知识型、技能型、创新型节能环保产业工人大军，倾尽全力发挥出工会的桥梁纽带作用。

一、坚持思想引领，全面加强职工队伍政治建设

集团党委坚持党全心全意依靠工人阶级的方针，认真贯彻落实《关于加强和改进新时代产业工人队伍思想政治工作的意见》，全力支持集团工会在加强

职工队伍思想政治引领中发挥作用，从了解职工想法出发，实现引领职工思想的目标。集团党委多次召开党委会，听取集团工会开展工作情况，针对新形势下工会工作目标，调研分析基层职工思想状况，专题研讨集团工会工作，指导支持集团工会依法独立开展各项工作，将职工所思所想转化为企业团结凝聚的力量。发挥“一名党员一面旗、一名职工党员带动一片职工群众”的作用，集团党委坚持“关键岗位有党员领着，关键技术有党员把着，关键时刻有党员顶着”，支持工会在职工队伍中推荐党员苗子、消灭“空白班组”等具体措施的落实。将党内主题教育延伸到职工群众中，号召广大职工积极参加党史学习教育，广大职工在参加“重走红色革命路”、党史知识竞赛等各项红色教育活动中，不断增强“四个意识”、坚定“四个自信”、做到“两个维护”，坚定不移听党话、跟党走，使职工队伍思想自觉、政治自觉、行动自觉。

二、坚持制度引领，全面推动职工队伍组织建设

集团工会根据党中央、国务院《新时期产业工人队伍建设改革方案》，在集团党委和行政部门支持下，出台了《集团公司关于加强职工队伍建设指导意见》，明确了集团工会的主导作用，筑牢职工队伍建设的四梁八柱，为加强职工队伍建设提供制度保证。集团工会相继出台集团公司《民主管理实施办法》《劳模评选表彰管理办法》《劳模创新工作室管理办法》《“五小”创新创效活动管理办法》《班组建设五年规划》《班组建设示范基地标准》等制度，擘画工会主体职能的顶层设计，并对职工代表大会制度、厂务公开制度、职工董事与职工监事制度等问题作出了具体规定。为了让各项制度落实落地、取得成效，集团工会加强制度在基层的推广运用，坚持每两年开展一次中国节能民主管理先进单位评选；集团年度工作会与职代会同步召开，将从基层征集到的职工代表提案和意见建议提交会议讨论，推动提案落实，落实集团民主管理的各项制度。目前，多层级职代会的制度越来越完善，厂务公开的内容越来越丰富，职工反映意见建议的渠道越来越畅通，职工队伍的建设越来越规范。

三、坚持素质引领，大力倡导岗位建功立业

大力弘扬劳模精神、劳动精神、工匠精神，成立由集团工会、企业管理部、法律风控部、科技管理部、人力资源部、党群工作部、纪检监察部等部门组成的评审委员会，每三年开展一次集团劳模评选表彰，面向基层一线，突出树立科技型、创新型、创效型劳动模范，自下而上，优中选优，扎实做好先进典型的“选、树、学、用、奖”等工作。坚持“一名劳模带动一个创新平台”，使之成为创新创效新引擎，吸引更多优秀职工在创新工作室发光发热。目前集团共选树13名“中国节能劳动模范”，创建9个“中国节能劳模创新工作室”，申请专利100余项，直接创效7000余万元，极大地发挥了劳动模范在创新创效中的引领示范作用。坚持“一次竞赛提升一级技能水平”，集团工会成功举办了四届集团职工技能竞赛，2020年和2021年连续举办“万人齐攻关　网上大练兵”活动，每半个月通过微信公众号发布战报排名，激发广大职工学好技能的热情。2020年，集团工会向人力资源和社会保障部成功申办并出色举办了全国首届节能环保行业职业技能竞赛。近年来，5名选手获得“全国技术能手”称号，12名选手获得“中央企业技术能手”称号，43名选手获得“中国节能技术能手”称号。坚持“一年‘五小’推动一批技改项目”，深入开展基层“五小”创新活动，从小发明、小创造、小革新、小设计、小建议入手，着力推动一线职工岗位经济技术创新，挖掘培养了一批技术能手、节能工匠，促进了企业国产化率提升、原材料有效利用、新材料开发、生产设备设施改造等技术进步，在2020年第二届“五小”活动中表彰了60个“五小”项目，可在两年内为集团综合创效1.47亿元。坚持“一名班组长带好一支职工队伍”，集团工会加强班组建设，推动班组规范化管理，连续9年召开班组建设工作会，2020年开展了集团首届班组长竞赛和优秀班组案例征集活动。注重对班组和“兵头将尾”的培训，坚持为基层一线班组长和职工充电赋能，目前已组织11期基层班组长培训班，培训班组长近千名，不断提升班组

长综合素质和业务能力，得到基层企业的好评。9 年来，评选表彰集团红旗班组 130 个、班组长标兵 175 人，进一步调动职工队伍投身节能环保事业的积极性、创造性。

四、坚持文化引领，不断发展壮大职工队伍

坚持党建文化引领企业文化，传承国有企业“红色基因”，以社会主义核心价值观教育职工，打造健康文明、昂扬向上、全员参与的职工文化。集团工会以“中国梦 · 劳动美 · 节能情”为主题，组织基层工会和广大职工以征文、演讲、书画大赛、短视频、宣传片等形式，讴歌身边劳模先进、技术能手、好人好事；以“传红色基因，节能健儿奋楫争先；领绿色发展，环保职工勇立潮头”为主题，成功举办了庆祝建党 100 周年首届职工田径运动会；组织展现中国节能女工风采短视频大赛、“扬家风、重传承、播爱心，做新时代节能环保新女性”主题征文和摄影活动，培养职工队伍健康向上的价值观，激发了爱党、爱国、爱企、爱家的家国情怀，展现出中国节能人朝气蓬勃、奋发向上的风采。开展建家行动实施暖心工程。深入一线了解职工疾苦，扎实开展“面对面、心连心、实打实”活动，办好“职工之家”，当好职工的“娘家人”，组织基层工会参加全总职工互助保险，为职工解决重大疾病、意外伤害、女职工大病等困难提供坚强保障；集团党委班子带领工会干部，坚持到位于东北、西南、戈壁滩等偏远地区的单位开展冬送温暖、夏送清凉和慰问困难职工活动；相继举办健康知识系列讲座、线上单身联谊等活动。积极探索工会“隶属关系升级”新模式，在全国机械冶金建材工会的大力支持下，集团工会试点将隶属区、县、街道、园区的子公司工会转隶省总工会管理，创造了“长沙、贵阳模式”（单个公司工会隶属关系转隶到省行业工会）和“浙江、江苏模式”（将隶属同一省份的同一子公司的几个工会合并成一个工会转隶到省行业工会），正在探索“成都模式”，开阔了工会干部视野，提升了工会干部能力，提高了职工活动平台层次，增强了职工荣誉感、归属感，扩大企业知名度，推动基层

工会工作不断跃上新台阶。近两年，集团工会注重挖掘整理在技能竞赛、“五小”创新、网上练兵、班组建设、民主管理、职工文体活动等方面的典型做法和先进经验，在集团内部广泛宣传的基础上，积极向国家级媒体投稿，先后在《人民日报》、《光明日报》、《工人日报》、中工网、学习强国、技能中国等各级各类媒体发表报道三十余篇，鼓舞了职工士气，树立了中国节能的良好形象。

近三年，基层单位中 1 个集体被评为“中央企业先进集体”，1 家单位荣获“全国厂务公开民主管理先进单位”，4 家单位被评为“全国工会职工书屋示范点建设单位”，2 个集体被评为“全国巾帼文明岗”，1 家单位被评为“全国便利型职工阅读站点”；2 名同志荣获“中央企业劳动模范”，1 名同志被评为“全国三八红旗手”、当选中国妇女第十二次全国代表大会代表，1 名劳模荣获设立“全国劳模书架”，1 个家庭荣获“全国最美家庭”。

今后，中国节能工会将进一步贯彻党中央、国务院《新时期产业工人队伍建设改革方案》，借全总大力推动产业工人队伍建设改革和工会改革的东风，把加强职工队伍建设作为企业提质增效、改革发展的重要抓手，让职工队伍改革和工会改革创新真正在企业改革发展中“演主角”“当主力”“唱大戏”，努力让工会组织成为企业组织体系的主角，努力让工会成为实现集团战略目标的主力，努力让工会在培育职工方面唱大戏，把中国节能职工队伍锻造成节能环保健康的铁军，为“双碳”目标和生态文明建设多作贡献。

2021年5月举办首届职工田径运动会

蚌埠中环职工在2020年春节期间冒雨雪抢修漏水管道

风电阳江公司员工驻厂严把设备质量和进度关，确保后续工期

南鹏岛海上风电项目完成首台风机主机和叶片的对接调试工作

担当新使命　奋进新征程
多管齐下推进产业工人队伍建设改革取得实效

广州汽车集团股份有限公司

产业工人队伍建设改革是习近平总书记亲自点题、亲自部署、亲自指导的一项重大改革，着力推进产业工人队伍建设改革，着力建设宏大的产业工人队伍，积极发挥新时期工人阶级主力军作用，是工会组织履行新的使命和担当的重要组成部分。广州汽车集团股份有限公司（以下简称“广汽集团”）工会在集团党委的领导下，深入贯彻落实习近平总书记一系列重要讲话精神，对照指示要求，多管齐下，大力鼓励创造创新，提高产业工人素质，培养能工巧匠，取得了良好的效果，为广汽集团的高质量发展奠定了坚实基础。

一、筑牢主阵地，持续强化政治引领

广汽集团工会以学习贯彻习近平新时代中国特色社会主义思想为主线，组织广大职工加强学习，深入研究习近平总书记关于工人阶级和工会工作的重要论述。同时结合实际，把学习成果转化成扎扎实实的工作成效。一是通过举办广汽工会讲坛、大型主题讲座的形式带领广大职工统一进行学习。二是要求各投资企业工会广泛开展宣传教育和思想引领工作，并将工作实效纳入广汽集团工会星级组织评定标准，评定结果与工会工作考核以及工会主席个人工作考核相挂钩。三是充分借助劳动模范等先进人物的引领模范效应，积极配合培养劳动模范宣讲人员，让先进人物带动广大职工自主自发进行学习。四是将思想政治引领融入工会各项活动中，寓教于乐，细雨浸透达到宣传教育的目的。

二、抢占制高点，不断完善体系支撑

在公司党委的高度重视和持续支持指导下，广汽集团工会针对产业工人队伍建设改革的各项工作构建了完善、立体的支撑体系。组建广汽集团劳动竞赛委员会，由集团总经理担任委员长，指导、发动各投资企业大力开展劳动和技能竞赛，带动产业工人投身建功立业；印发职工书屋管理制度、“千人提素圆梦”学历提升计划、推进制定劳动模范评选表彰管理办法等制度和文件，支撑产业工人队伍建设改革工作的各项工作有序开展，也取得了一些阶段性的成果。

站在新的历史起点，广汽集团工会继续砥砺奋进，将推进新时期产业工人队伍建设改革走深、走实的任务写进工会“十四五”规划中，要求在不断提升技术工人技能水平的同时，侧重制订高技能人才培养机制，培养更多高技能人才；强化技能要素对薪酬激励机制的影响，完善职工技能序列和专业技术序列发展路径，拓宽职业发展通道；进一步加大在高新技术领域如新能源汽车研发制造方面开展创新工作的力度。

三、围绕强发展，积极促进生产经营

一是大力开展主题劳动竞赛和职业技能竞赛。2016 年以来，广汽集团系统各企业开展各类劳动和技能竞赛 7013 项，共有职工近 150 万人次参与。开展了 2 项国家级二类技能竞赛、13 项省级二类技能竞赛、25 项市级二类技能竞赛，并指导投资企业开展集团级技能竞赛 76 项，获得职业资格晋升的职工达 1236 人。

二是大力推进创新工作室建设。截至目前，共投入支持资金 440 余万元，指导各级企业创建各类创新工作室 116 个，其中劳模创新工作室 19 个，技师创新工作室 13 个，职工创新工作室 84 个，女职工创新工作室 9 个，各类创新工作室共开展科技创新、课题攻关、问题改善活动 14374 项，获得国家专利 775 项，开展技术支援 18489 次，培训职工 77379 人次，以职工创新助力集团创新发展。

三是大力推广“创新广汽 IGA”活动。“创新广汽 IGA”活动是广汽集团培养职工创新精神，营造全集团创新氛围的品牌特色活动。活动开展以来，参与职工达 48.9 万余人次，成立了创新活动小组 8948 个，提出改善提案 4895635 条，创造的直接经济效益超过 81 亿元。

四、锤炼主力军，大力弘扬劳动精神

培育选树先进典型，营造劳动氛围，弘扬劳模精神，让劳动最光荣、最崇高、最伟大、最美丽蔚然成风。一方面，广汽集团工会每五年开展一次广汽劳模评选，同时积极配合上级工会选树先进人物。目前，集团系统共有集团及以上级劳动模范等先进人物 86 人。另一方面，广汽集团工会每年“五一”前夕坚持举办劳动模范和“两代表一委员”代表座谈会，关注劳动模范等先进人物的成长成才，表达关心和爱护。

此外，广汽集团工会还通过开展“广汽员工新风尚”“最美广汽人”等评选活动，挖掘职工身边“闪光点”，展现广汽人奋发有为、拼搏向上、不畏艰难的创业精神，传递广汽正能量。

五、筑牢人才基础，全面落实素质提升

首先是多管齐下培养技能人才。一是在培养企业内部技能人才方面，广汽集团通过推进创新工作室建设培养创新型人才，通过开展劳动竞赛和职业技能竞赛以赛代练培养技术型人才，通过持续开展“创新广汽 IGA”活动营造氛围带动全员创新。在吸收技能人才方面，广汽集团根据进一步巩固党和国家

脱贫攻坚成果的重要部署，为集团吸纳和培养优秀技能人才，为制造品质优良、质量稳定的广汽产品提供坚实的高技能人才保障，与贵州毕节职业技术学院、台江中等职业学校开展校企合作组建“广汽班”，设立“广汽奖学金”，创新“校—企—校”合作模式，携手“朋友圈”优质资源，共同帮扶西部技工院校。目前已开设“广汽班”3 期，共招收学生 113 人，其中，14 人已在广汽集团系统内工作，33 人正在实习中。二是招用技校毕业生作为企业技能人才有效补充，利用技校资源、工学交替，促进企业技能人才培养，目前合作院校达 83 家。

其次是多项措施鼓励自主学习。一是在广州市总工会的带动下，制订、实施了具有广汽集团特色的“千人提素圆梦计划”。至今集团工会陆续投入 1524 万元用于职工学历提升和技能培训，惠及职工 6787 人次。2020 年，在广州市总工会投入 76.8 万元的基础上，集团工会投入 272.1 万元，共计 348.9 万元，用于职工学历教育和技能培训。二是积极响应政府号召，推动企业开展适岗培训。广汽集团积极协助企业开展职工线上适岗职业技能培训，持续提升劳动者素质和技能水平。截至 2020 年 10 月 30 日，共有 24 家二级投资企业、三级投资企业的 15569 名员工已申请备案开展适岗培训，取得政府补贴 413.76 万元。三是积极推进职工书屋建设，营造读书氛围，职工阅读带动家庭阅读，进而促进全面阅读。截至 2020 年，共建成集团级以上职工书屋 70 家，其中全国级职工书屋 10 家，省级职工书屋 7 家，市级职工书屋 18 家，集团级职工书屋 35 家。

最后是多点发力构筑评价体系。一是积极激发工程系列汽车工程专业技术人才队伍活力。广东省人力资源和社会保障厅于 2017 年 7 月选取广汽集团开展工程系列汽车工程专业职称自主评审试点，三年累计申报 905 人，员工参与人数逐年提高。累计评审通过正高级职称 14 人，副高级职称 85 人，中级职称 408 人，初级职称 196 人。同时，通过集团积极宣传以及评审通过人员的示范作用，强化各企业专业技术人员对职称的认知，引导专业技术人员注重自身专业技术积累，鼓励专业技术人员主动积极学习有关技术知识，为广汽集团从“制造”走向“智造”营造良好的工程师文化氛围。二是积极申报职业技能等级认定资质。为加强技能人才队伍建设，完善技能人才评价体系，充分发挥在技能人才培养、评价、使用、激励方面的主体作用，广汽集团积极申报职业技能等级认定资质，向广州市职业技能鉴定指导中心申请开展汽车维修工、汽车装调工、钳工、电工、焊工、冲压工、模具工、工业机器人应用等工种职业技能等级认定资质，促进集团技能人才队伍素质整体提升，推动广汽集团高质量发展。目前已取得备案通过，将于近期开展职业技能等级认定工作。

未来，广汽集团工会将以义不容辞的使命感、勇于担当的事业心和奋发有为的创造性，运用好各方面资源，努力推动产业工人队伍建设改革，推动广汽集团的高质量发展，组织动员广大产业工人为实现“两个一百年”奋斗目标更好地发挥主力军作用。

产教融合摩托车装配线上实操培训

第十六届总装领域技能竞赛

涂装生产

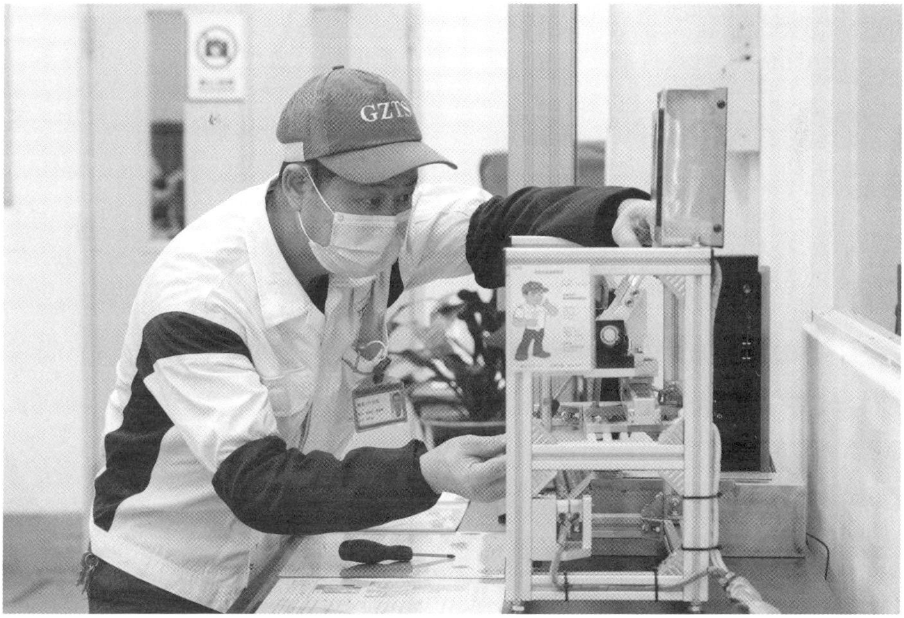

真皮刚软度测试仪调试

深入实施“三个全面”工程
扎实推进产业工人队伍建设改革

中国宝武钢铁集团有限公司

中国宝武钢铁集团有限公司（以下简称“中国宝武”）是全球最大的钢铁企业，2020年钢产量达到1.15亿吨，现有在岗职工18.8万人，技能人员占比近70%。中国宝武始终牢记习近平总书记考察调研旗下太钢集团、马钢集团时的指示精神，认真贯彻落实党中央、国务院以及全总对产业工人队伍建设改革的决策部署，围绕产业工人队伍“能力、活力、动力”三力建设，深入实施“三个全面”工程，着力构建“技能提升、建功立业、维权服务”三大体系，扎实推进产业工人队伍建设改革，为中国宝武建设世界一流企业提供坚强的人才支撑和队伍保障。

一、实施全面提升职工能力素质工程，形成与产业升级相适应的技能提升体系

一是构建多层次全覆盖的技能培训体系。持续加大对产业工人的教育培训力度，探索形成涵盖职业生涯全周期的技能培训体系，按照“集团公司轮训+子公司专训”方式分层分类开展一线职工全员培训。中国宝武层面侧重理想信念、企业文化、战略规划、工匠精神、安全生产、基础能力等通用类项目培

训，由集团公司统一制定课程体系，采用跨基地交流轮训模式，每年组织不同省市职工集中轮训，培训学时每人不少于 12 天；各二级公司结合实际制定个性化培训方案，侧重于岗位能力深化、技能等级提升、复合技能拓展等专业类培训，主要采取集中培训、短期培训、专项培训、外送培训、邀师上门等方式开展，培训学时每人不少于 48 天。中国宝武力争在 2025 年前，实现高级技师、技师“翻番”（占比≥ 20%），无等级技能人员“减半”（占比 <15%），一线员工培训“全覆盖”的目标。

二是实施职业技能自我提升行动计划。打破专业、工序、岗位界限，打造全流程、多工种的集成学习平台，不断丰富学习方式、资源、载体，引导产业工人树立终身学习的理念。推动建立岗位关键能力矩阵，精准提升能力短板，持续适应迭代技能要求。建设“宝武大咖汇”线上知识社区，开设“百千万人才工程讲堂”栏目，会聚集团各领域的领军人才直播授课，共享前沿领域理论知识，目前已举办 29 期“大咖”直播活动，9 万人次观看学习。搭建“宝武微学苑”网络学习平台，丰富网络课程、视频公开课、微课等学习资源，2021 年以来平台共登录 10.9 万人次，总学习量已达 134.1 万课次。

三是做强做实技能竞赛品牌。坚持以赛促训、以赛促学的办赛理念，构建以国家级以上技能大赛为引领、集团级竞赛为示范、二级公司级竞赛为主体、基层单位岗位练兵活动为基础的技能竞赛体系，打造“铸匠心、提技能”竞赛品牌。聚焦新兴方向、重要专业、关键领域，分类，设置前瞻引领类、行业重点类、专项强化类竞赛项目，重点检验职工复合技能水平和实际问题解决能力，带动多层次、多产业、多工种劳动技能竞赛活动，中国宝武职工在钢铁行业技能大赛、全国工业机器人大赛、全国数控技能大赛等赛事中屡获殊荣。将技能竞赛融入人才培养全过程，形成“培训、练兵、竞赛、晋级、激励”五位一体的育人机制。建设网上练兵平台，开源式拓展题库，引入仿真模拟、VR 等新技术手段，推进“云端”常态化练兵。

四是完善职业技能等级自主认定体系。按照国家深化技能人才评价工作改革的总体部署，建立科学管理、规范实施、依规监管的职业技能等级认定制度体系。建立职业技能等级认定指导中心、地区认定中心、企业评价点三级管理架构，已有109家分支机构自主开展职业技能等级认定报备，并配套建立了认定机构管理、题库管理、考务管理、考评员管理、质量督导管理、认定证书管理等制度体系，实现技能等级认定全过程规范化管控。同时，持续迭代完善匹配岗位要求、符合行业评价规范、获得社会认可的职业技能评价标准，引导产业工人提升职业技能水平，形成了“以认定牵引培训，以培训提升等级”的良性机制。

二、实施全面推进职工岗位创新和价值创造工程，形成与企业高质量发展相适应的建功立业体系

一是建立引领性职工岗位创新体系。搭建由职工创新活动中心、创新基地、创新工作室、创新小组组成的岗位创新平台，发挥领军人才示范带动作用，建立1个创新活动中心、9个创新基地、451个厂部级以上职工创新工作室和2300余个职工创新小组，并获评5个“全国示范性劳模和工匠人才创新工作室”，16个“国家级技能大师工作室”，92个行业、省市级创新工作室。全面开展“我为企业‘对标找差创一流’献一计”活动，探索建立自主献计与定向征集相结合的活动机制，建立项目立项、实施、跟踪、评估闭环管理流程，设立“金点子奖”“优秀岗位创新成果奖”等奖项，并确立了50元至10万元的梯次奖励标准。定期评选岗位创新新人奖、宝武工匠，建设引领型、中坚型、潜力型相衔接的人才梯队，24名产业工人被评为省部级工匠，3名产业工人被评为“当代工人发明家”。每年的12月23日为中国宝武“全员创新日”，隆重举办创新主题活动，表彰先进、激励典型，营造浓厚氛围。近三年取得授权专利3800余项，形成企业技术秘密6000余项，总结先进操作法1400余项；5项成果荣获国家科技进步奖二等奖，10项成果荣获省部级科技进步奖二等奖。

二是广泛深入持久开展劳动竞赛。按照突出战略引领、突出攻坚克难、突出价值创造的原则，以“全面对标找差，创建世界一流”为主题，以“将生产经营的难点转化为人人参与的热点”为导向，每年围绕重大战略、重点领域、重要项目，分层分类、顺势因时逐级开展综合引领型和专项攻关型劳动竞赛，不断丰富载体内涵、拓展竞赛领域、提升竞赛效能，2021 年各级单位共开展 8000 余项竞赛。发挥产业工人队伍主力军作用，着力扩大竞赛覆盖面、提高参与度，以项目化、全员化方式层层分解竞赛目标，做到“千斤重担人人挑，人人肩上有指标”。加强劳动竞赛过程管理和激励力度，按照“月度发榜、季度评比”模式加以推进，及时总结推广实践成果，见人、见物、见精神。

三是实施班组建设行动。以班组建设为切入点，创建“学习有追求、效益有佳绩、创新有动力、安全有保障、和谐有亲情”的“五有”班组，为产业工人搭建成长发展平台。2021 年起实施班组建设行动计划，明确“以科学设置班组为前提，以班组长队伍建设为重点，以班组全员能力提升为基础，以班组联谊活动为纽带，以班组建设竞赛为牵引”的工作重点，确立集团“指方向、出政策、搭平台”，子公司“定方案、抓落实、出经验”，基层单位“重执行、善创新、出成果”的分级推进机制，选树全覆盖、标准化、科学化的班组建设新标杆。

三、实施全面提升职工“三有生活”（有钱、有闲、有趣）水平工程，形成与职工美好生活向往相适应的维权服务体系

一是建立健全职工发展与激励机制。开展产业工人岗位再设计，拓宽岗位职级，设置首席技师、技能大师等高技能岗位。顺应技术技能融合发展趋势，探索构建基于“操、检、维、调”的一体化复合型岗位体系，打破岗位身份界限，贯通职业发展通道，推动产业工人成长为复合型人才。探索建立跨基地、跨区域的人才共享和使用机制。完善与经营业绩提升挂钩的薪酬正常增长机制，建立“岗位积分累积制”，以绩效贡献和技能价值为重点评价指标，体现

多劳者多得、技高者多得的价值导向。对关键核心岗位产业工人实行能级工资制、股权激励计划，并享受与对应管理、技术人员同等标准和同等待遇。围绕“树立一个、培养一群、带动一批、造就一代”的目标，建立荣誉激励体系，不断优化物质、精神、绩效等奖励方式，增强激励效应。

二是建立完善服务保障制度体系。逐步构建面向全体职工的健康关爱、心理关爱、财富关爱、人文关爱、职业关爱“五普惠”，以及专门服务核心人才、外派人员、困难职工、女职工、青年职工群体的“五精准”关爱服务工作体系，构筑起包含基本医疗保险、大病保险、百万医疗保险、医疗救助、应急救助及职工互助等全方位保障体系。大力开展服务职工实事项目，推出职工体检升级服务、青年员工租房补贴、“爱心妈咪小屋”优化等特色项目，平均每年立项实施 1000 余项实事项目。2021 年结合“我为群众办实事”实践活动，推出了建立青年人才公寓、设立托育机构、关心外派人员等解决职工群众“急难愁盼”问题的特别项目。建立帮困送温暖长效机制，实现职工帮扶全覆盖，近三年投入帮困慰问资金 1.24 亿元，帮困慰问各级各类职工 17.8 万人次。

三是建设智慧工会平台。顺应移动互联时代发展潮流，落实走好“网上群众路线”要求，以满足职工需求为导向，以变革服务模式、打通服务通道、提高服务效率为目标，建设智慧工会平台，构建纵向贯通、横向联通、内外融通的全方位、一站式服务职工生态圈。智慧工会平台设置资讯中心、福利中心、智创中心、服务中心、学习中心、活动中心六大模板，推进资源集中共享、需求精准掌握、服务高效直达，形成“从本人到家属、从工作到生活、从权益保障到身心健康”的服务职工工作新格局，努力实现沟通“零”障碍、关爱“零”时差、服务“零”距离。

“中国宝武优秀岗位创新成果奖”颁奖

中国宝武全员创新日

中国宝武一线员工全员培训启动仪式

中国宝武职工创新活动中心揭牌

强化思想引领　推进机制创新　激发创造活力 产业工人队伍在河钢转型升级和高质量发展中发挥主力军作用

河钢集团有限公司

长期以来，河钢集团有限公司（以下简称“河钢集团”）以“员工是企业不可复制的竞争力”为人本理念，不断加强职工队伍建设。特别是2017年中共中央、国务院印发《新时期产业工人队伍建设改革方案》、河北省委省政府印发《关于新时期产业工人队伍建设改革的实施意见》以来，按照政治上保证、制度上落实、素质上提升、权益上维护的总体思路，就推进产业工人队伍建设进行了积极探索和实践。

一、突出政治引领，深入开展思想教育和企业文化建设

以覆盖全员形式的任务目标教育为抓手，依托集团报纸、电视台、网站、微信公众号“四位一体”思想教育阵地，持续向职工讲国家政策、讲企业形势、讲发展任务、讲个人责任，引导全体职工坚定不移听党话、跟党走。坚持以新发展理念为统领，以集团发展战略为导向，重新编制了企业文化建设发展纲要，出台了企业文化创新方案，始终保持河钢集团文化的先进性和创造性。以中宣部授予河钢集团塞钢管理团队“时代楷模”称号为契机，在全集团

开展“珍惜荣誉、坚守初心，钢铁报国当先锋”主题实践活动，弘扬“时代楷模”精神，引导广大干部职工珍惜“时代楷模”荣誉，为集团高质量发展提供源源不断的精神动力。发挥群团组织优势，开展职工喜闻乐见的文化活动，促进职工全面发展，加快企业文化融合，提升企业凝聚力，增进职工自豪感和幸福感，让广大职工“钢铁报国”的信念更加坚定，以更加昂扬的精神状态投入企业改革发展的火热实践。

二、创新人才管理机制，充分发挥各类人才作用

河钢集团以“拥有一流的人才队伍、形成一流的人才管理模式、达到一流的人才效能水平”为目标，改革和创新人才管理体制，突出抓好营造环境、搭建平台两大重点，充分发挥集团各类人才作用。一是创新人才引进机制。研究制定《高端和急需人才招聘管理暂行办法》，以全球化视野、国际化标准、市场化手段，广纳天下英才为集团发展服务，加快建立市场化选人用人机制。二是创新人才培养机制。积极构建人才培养平台，充分利用河钢集团海外公司优势，将海外公司打造为国际化人才培养基地，每年选派优秀青年职工赴瑞士德高公司、南非矿业公司等集团海外子公司进行学习锻炼。同时，河钢集团不断深化国际技术交流与合作，与全球著名科研机构、企业和行业组织建立了紧密的产、学、研、用合作关系，与澳大利亚昆士兰大学共建可持续钢铁创新中心，与澳大利亚卧龙岗大学、乌克兰巴顿研究所等具有国际影响力的机构紧密合作，形成了国际化人才交流培养的世界级平台，以平台项目为载体持续培养人才。三是创新人才使用机制。研究出台《集团专家评聘管理办法》，建立集团首席、一级、二级、三级专家评聘管理制度，拓宽营销、技术和技能专家晋升通道，不定期在全集团范围内组织开展评聘专家工作，激励各类人才为企业创新发展贡献更大力量。四是创新人才激励机制。改革人力资源配置方式和薪酬分配机制，推动关键技术人员和优势资源向生产经营和销售一线聚集。同时，改革传统的员工薪酬分配办法，进一步压减固定工资收入部分，提高绩效

挂钩比重，增加浮动额度，奖勤罚懒，拉开档次，调动职工积极性。

三、发挥组织独特优势，着力构建职工创新工作新格局

企业的改革发展与产业工人队伍建设息息相关，河钢集团采取多种举措，调动广大职工的创新创效热情。一是做好民主管理工作。创新建立了跨区域集团的职代会制度，在代表选举、大会提案等方面进行探索实践；制定并落实《河钢集团民主管理实施办法》等相关民主管理制度，规范集团、子公司和分公司、二级厂矿的职代会工作，充分发挥职代会作用；规范厂务公开、集体合同、工资集体协商、职工董事、职工监事等制度；认真落实董事长总经理联络员制度，公司领导接待日制度，公布总经理、工会主席邮箱等多项民主管理举措，保障了职工的知情权、参与权、表达权和监督权，调动了职工参与企业管理的积极性，增强了职工的主人翁意识。二是做好职工素质提升工作。河钢集团已组织开展十届“河钢杯”职业技能大赛。大赛已经成为集团的品牌工作，成为一线操作岗位职工成长成才的绿色通道，职工参加各级各类培训练兵活动达 20 多万人次，有效促进了集团广大职工的综合素质提升。集团共命名表彰 674 名金牌工人、技术标兵和技术能手，81 人被授予“河北省技术能手”称号，集团职工 3 次夺得世界模拟炼钢挑战赛总冠军。三是做好先模示范引导工作。通过选树先模人物，发挥其示范引领作用，形成学习先模人物、争当先模人物的良好氛围，先后涌现出了郑久强、周文涛、范秀川、鲍守坤等一大批先模人物。注重提升先模等先进产业工人的社会地位，郑久强现任中国机械冶金建材工会兼职副主席，同时兼任河钢集团工会兼职副主席；周文涛和鲍守坤是全国人大代表。2018 年启动“河钢工匠”评选，旨在进一步弘扬“工匠精神”，弘扬“劳动光荣、技能宝贵、创造伟大”的时代风尚，引导广大职工以更加昂扬的精神风貌和更加饱满的热情投入工作中，加快实现一线岗位职工由“操作工”向具有工匠精神的“技能工”转变。四是做好职工创新平台建设。集团开展科技奖评选，将优秀技能人才和职工创新成果常态化纳入集团科技大

会表彰奖励序列。加强职工创新工作室联盟和职工创新基地建设，深入开展技能培训、导师带徒、成果辐射、工作室“门诊”等活动，充分发挥引领示范作用，广泛传播创新理念，一大批基层创新工作室和创新成果不断涌现。截至目前，共建设职工创新工作室 159 个，其中，集团级优秀创新工作室 67 个、省级创新工作室 35 个、国家级创新工作室 9 个。

四、结合实际开展特色活动，扎实推进产业工人队伍建设

河钢集团按照产业工人队伍建设的总体要求，结合实际开展多项特色活动，形成产业工人队伍建设的成功经验。充分发挥“职工大学”培训基地作用，按照“招工即招生、入企即入校、企校双师联合培养”开展系列培训，有效满足了职工队伍多样化的培训需求，提升了职工队伍综合素质；运用“互联网 +”手段，实施网上练兵活动，经验做法已推广到行业进行应用，“河钢网上工匠创新学习平台”成果荣获世界钢协教育与培训卓越成就奖；实施科级岗位轮换制及竞聘制，以市场化理念为指导，创新管理机制，以“选准用好”为根本，选拔素质优良的后备干部，加快干部队伍年轻化建设，优化队伍结构；与东北大学等高等院校建立技术研发合作关系，多领域、深层次开展合作，为职工成长搭建优质平台；打通职工有效沟通渠道，以相互尊重、理解、关心作为出发点，牢固树立尊重职工、关心职工的理念，为职工解难事、办实事。

河钢集团将坚持以习近平新时代中国特色社会主义思想为引领，深入学习贯彻习近平总书记关于工人阶级和工会工作的重要论述，紧紧依靠职工，充分发挥工会组织优势，进一步整合工会工作资源，不断创新工作机制，持续激发职工队伍活力，将产业工人队伍建设不断推向深入，加快造就一支“有理想守信念、懂技术会创新、敢担当讲奉献”的职工队伍，在河钢集团转型升级和高质量发展中充分发挥主力军作用。

“河钢工匠”走进清华大学，参加研修班

河钢集团党委书记、董事长于勇参加集团劳模代表座谈会并为世界模拟炼钢大赛总冠军唐笑宇颁奖

河钢集团工会兼职副主席郑久强和他的创新团队

河钢集团工人发明家杨高瞻获评集团年度最佳工匠

以选树“首钢工匠”为引领
推动产业工人队伍建设改革取得新进展

首钢集团有限公司

首钢集团有限公司（以下简称“首钢”）始建于1919年，现已发展成为跨行业、跨地区、跨所有制、跨国经营的综合性企业集团，全资、控股、参股企业600余家，总资产5120多亿元，职工近10万人，2011年以来9次跻身世界500强。

党的十九大以来，弘扬劳模精神、劳动精神、工匠精神成为新时代主旋律。首钢认真贯彻落实《新时期产业工人队伍建设改革方案》和上级工会要求，开展“首钢工匠”选树培育工作，搭建“首钢工匠”实践平台，探索“首钢工匠”选树培育“115”体系，形成了“首钢工匠”文化引领，引导广大职工学技术、练技能、钻技艺，掌握过硬本领，加快建设一支宏大的知识型、技能型、创新型产业工人大军，为首钢高质量发展提供有力的人才支撑。

一、领导重视

首钢党委高度重视推进产业工人队伍建设改革工作，把产业工人队伍建设改革工作摆在突出位置，建立健全领导机构和工作机构。成立了以集团公司党委常委、董事、工会主席梁宗平同志和集团公司副总经理胡雄光同志为组长，工会、人力资源部（党委组织部）、企业文化部（党委宣传部）、系统优化部、技术研究院、人才开发院、发展研究院、人事服务中心等部门负责人为成员的推进产业工人队伍建设改革试点工作领导小组，负责领导推进首钢产业工人队伍建设改革试点工作。领导小组下设工作专班，具体负责协调推进首钢产业工人队伍建设改革试点工作。首钢工会作为总协调牵头部门，在与各相关部门协商研讨、反复征求意见建议、不断修改完善的基础上，形成了改革试点实施方案，以推进产业工人队伍建设改革试点工作领导小组名义颁发文件，予以贯彻落实。集团工会多次举办培训班，邀请中国机械冶金建材工会主席陈杰平、全国总工会研究室副主任陶志勇等同志来首钢讲解“习近平总书记关于工人阶级和工会工作的重要论述与治理体系现代化中的工会角色”“新时期产业工人队伍建设改革及工会十七大精神”等内容，提高干部职工对新时期产业工人队伍建设改革重要性的认识，推进首钢产业工人队伍建设改革的深入贯彻落实。

二、制度完善

为全面推进产业工人队伍建设改革工作，首钢党委从企业实际出发，加强顶层设计，先后制定出台《〈三支人才队伍薪酬激励机制实施方案〉及配套办法》《首钢工匠评选管理办法》《关于大力弘扬“三种精神”深入推进职工创新工作的实施意见》《首钢产业工人技能评价和激励机制改革试点工作实施方案》等一系列文件，明确时间表、路线图，完善配套政策文件，建立相应工作制度。

首钢建立三支人才队伍机制，出台《三支人才队伍薪酬激励机制实施方案》及相关配套政策，搭建起经营管理、专业技术管理、技能操作三个系列的职业发展“绿色通道”。对取得技师和高级技师资格的技能操作人员，实行职务聘任并享受相应待遇。按技能参与分配，从工人到一线技术人员，每年根据技能贡献情况择优晋级工资，2020 年有 30% 的职工得到薪酬晋升。通过提高技能在薪酬分配中的权重、打通成长通道，使职工明白通过提升技能同样可以拿到高薪，技术人员通过一心钻研项目同样可以成就梦想。

选树首钢工匠，制定了《首钢工匠评选管理办法》。每两年评选一届“首钢工匠”，选树坚持三个导向：一是优选“强”匠，严格审核，含金量高。评选标准设置了全国技术能手、创效益1000万元以上等高门槛、硬条件，达到任何一条都是行业佼佼者。二是看重“干”匠，不论学历，不唯职称，崇尚技能为先。目前评选的“首钢工匠”初始学历大多为中专、高中，但均具有高技能水平。三是厚爱工匠，既有荣誉，又有待遇。给工匠最高的礼遇和待遇，每人一次性奖励10万元并享受每月1万元津贴，同时为其提供研修学习、国际交流等机会。这些在北京市乃至全国企业中“含金量”极高的技能人才激励政策，把首钢对技能人才培养工作的重视程度又推向一个新高度。

三、措施得力

首钢党委不断增强自觉性，聚焦产业工人思想引领、建功立业、素质提升、地位提高和队伍壮大等重点任务和难点工作，积极探索、勇于实践，以“踏石留印、抓铁有痕”的精神推进产业工人队伍建设改革走深走实。

实践中，首钢以选树培育更多“首钢工匠”为目标，探索实践了“首钢工匠”选树培育“115”体系，为推进企业高质量发展提供坚实的人才支持和智力保证。“115”体系的主要内涵是：第一个1，指弘扬一种精神，即工匠精神，总结形成“首钢工匠”精神的特质，形成打造工匠的路径指南。第二个1，指树立一个风向标，实施“首钢工匠”评选，打造工匠样板，树立首钢职工技能成长的风向标。5，指“首钢工匠”培养的五个抓手，一是厚植工匠培养根基，强化职工创新工作室建设；二是搭建“比、学、赶、超”竞技场，培育技艺精湛的匠人；三是铺开实战实操练兵场，实践中锤炼“匠”才；四是建立守正传承的授课堂，以匠为师传授技艺；五是形成助推成长的动力源，营造“匠”才层出的氛围。通过对“首钢工匠”选树培育“115”体系的探索与实践，从精神层面引领入手，以打造“首钢工匠”为基础，落地到指导现实层面的实践，最终形成一体化运作，为企业高质量发展培育人才。

厚植工匠培育根基，强化职工创新工作室建设。将职工创新工作室作为基层工匠型人才孵化地。首钢共建有 317 个职工创新工作室，其中国家级创新工作室 8 个、省部级创新工作室 35 个，成为基层孕育创新成果、培育工匠人才的摇篮。工作室创建坚持“有领军人物、有活动场地、有工作制度、有课题计划、有攻关节点、有成果效益”六有标准。2019 年，首钢工会以命名 100 个集团级职工创新工作室活动为载体，聚力工匠攻坚克难。如在 2019 年纪念新中国成立 70 周年的重大活动中，首钢承接 10 余项服务保障任务。过程中，首建集团阮新伟创新工作室针对“烟花树”结构复杂难题，研发 7 项关键技术。首钢工会成立了以国家级技能大师工作室领军人王文华、刘宏为组长的钢结构焊接技能专家技术质量服务组，对项目进行指导，成功开发新焊材，解决滑雪大跳台裁判塔焊接难题，高标准建成北京冬奥会滑雪大跳台。

四、成效明显

首钢推进产业工人队伍建设改革工作得到各级党政部门的高度评价和肯定，受到社会各界的广泛关注和职工的欢迎，特别是在提高产业工人获得感，促进企业高质量发展上取得了显著成绩。

一是人才效益显著，激发了企业职工学技术的热情。在“首钢工匠”榜样的示范带动下，近年来，首钢各单位崇匠育匠氛围浓厚，先后涌现出“中国质量工匠”卫建平，“北京大工匠”郭玉明，“贵州工匠”杨延，“全国机械冶金建材行业工匠”刘宏、荣彦明、马著等一批工匠型人才。21 名职工获得全国技术能手称号；79 名职工获得全国钢铁行业（或冶金矿山）技术能手称号。股份公司王瑞被评为中国大能手，矿业公司青年焊匠王涛、张钊分别获得中德“北京・南图林根”职工焊接对抗赛氩弧焊、焊条电弧焊组冠军。

二是经济效益显著，促进了科技和管理成果转化。职工自主创新能力不断攀升，2016 年以来，集团各级工作室共申请专利 3114 件，其中获得国家专利授权 2134 件；获得科技成果总数 1155 项，其中国家级科学技术奖 44 项，省部级科学技术奖 196 项，首钢级科学技术奖 772 项；完成课题项目 6003 项，提出并被采纳合理化建议 20801 件，取得经济效益约 60 亿元。许多成果实现国内、国际首创，提升了企业的创新力和竞争力。如首钢技术研究院刘宏技能大师工作室“超大型水电站用金属结构关键材料成套技术开发应用”成果，实现焊材完全取代国外进口，获得国家科技进步奖二等奖。

三是社会效益显著，提升了企业影响力和传播力。“首钢工匠”受到社会高度重视，新华网等多家媒体进行报道，受到社会广泛认可。中央政治局委员、北京市委书记蔡奇到首钢调研时专门与 12 名“首钢工匠”合影留念，并对首钢弘扬劳模精神、工匠精神提出要求。首钢工会在中国机械冶金建材工会会议上进行“首钢工匠”交流发言。股份公司郭玉明受邀在全国转炉炼钢会议、全国炼钢—连铸会议、全国炼钢学术会议上进行宣讲，得到业内专家好评。“首钢工匠”已成为首钢技能人才有影响力的社会形象代表。

首钢将以树匠心、育匠人、出精品为抓手，大力弘扬劳模精神、劳动精神、工匠精神，持续开展“首钢工匠”选树培育，加快建设一支宏大的知识型、技能型、创新型产业工人大军，促进企业高质量发展，推动首钢产业工人队伍建设改革取得新进展。

国家级技能大师及专家团队助力冬奥滑雪大跳台建设

全国劳模、北京大工匠、首钢股份炼钢工郭玉明带徒传艺

全国劳模、贵州工匠、首钢水钢杨延全国示范性劳模和工匠人才创新工作室

首钢集团先进表彰大会暨第二届首钢工匠命名表彰大会

创新提质深化产改　强基固本扬帆百年

江苏沙钢集团有限公司

江苏沙钢集团有限公司（以下简称“沙钢”）是以钢铁为主，资源能源、金属制品、金融期货、贸易物流、风险投资、大数据等多元发展的跨国企业集团，国家特大型工业企业、国家创新型企业，现有总资产 3000 多亿元，职工 4 万余名，年产钢能力超 4000 万吨，产能居国内钢铁企业第三位，全球钢铁企业第四位，连续 13 年位列世界 500 强。

产改工作开展以来，沙钢党委、董事局领导高度重视，将之作为一项重要的政治任务纳入企业发展规划，按照政治上保证、制度上落实、素质上提高、权益上维护的总体思路，聚焦产业工人思想引领、建功立业、技能提升、地位提高、队伍壮大等重点任务，充分发挥党建带工建的主导作用、工建促党建的能动作用、党工共建的联动作用，构建党建、产改、工建一体化推进体系，持续推进产业工人队伍建设改革走深走实。企业先后荣获“全国五一劳动奖状”、“AAA+”人力资本竞争力极强企业、“三创争两提升”活动省级示范单位等多项荣誉，入选全省首批“G42+”重点民营企业人才人事综合改革示范基地。

一、深化党建引领，在“讲政治、明方向”上再发力

一是健全组织网络，夯实基层堡垒。沙钢将产改工作摆在发展的突出位

置，党委书记挂帅成立领导小组，下设工作小组，制定并下发了《沙钢集团推进产业工人队伍建设改革“党的建设项目”试点改革方案》和《沙钢新时代产业工人队伍建设改革执行方案》，组建产改观察员队伍，构建起党委统一领导、党政共同负责、工会牵头实施、各方协同推进的工作格局。按照“部门建在哪里，组织就建到哪里”的原则，沙钢实现100%基层党工组织全覆盖，100%实施部门主要负责人“党政一肩挑”，100%党工干部全交叉任职。秉承党建强、发展强的理念，沙钢提出“党建就是生产力”，建立“党建绩效管理制度”，将党建目标与生产经营目标同部署、同推进、同考核。这一制度曾被江苏省委组织部列为“全省党建创新工作范例”。产改工作开展以来，企业将产改任务进行细化分解，纳入党建绩效管理体系，把党建、产改与企业生产经营深度融合，将指标完成情况作为衡量基层党组织、分工会工作成效的重要评价标准，将党建、产改、工建成果转化为企业发展优势。

二是锤炼党性修养，坚定理想信念。沙钢全面落实党管方向、管干部、管人才，扎实开展“不忘初心、牢记使命”主题教育，结合企业实际开展以“学理论强党性、争先锋当表率、求实效促发展、夯基础求突破”为重点的党史学习教育系列活动，通过讲党课、红色观影、参观学习、党史知识竞赛等多种形式，让广大职工干部从风云激荡的百年党史中、从沙钢开创和不断前进的伟大事业中汲取奋进力量，知党史、感党恩、听党话、跟党走。

三是打造特色阵地，激发共建活力。集团党委部署、工会牵头建设“初心如磐”沙钢党建馆，综合展示沙钢在党的领导下“与国家共成长、与时代共奋进”所取得的发展成就，成为集展示、教育、培训、服务、活动于一体的综合型红色阵地。以“三创争两提升”为主线，沙钢将每年有限的党员发展名额向一线优秀员工绝对倾斜，大力开展党员、劳模“双培养”工程，并探索建立劳模工作室党小组，切实将劳动模范的榜样力量、党员的先锋力量充分结合、调动起来，产改各项工作驶入“快车道”。

二、深化精神内涵，在“传文化、聚合力”上再强化

一是弘扬劳模精神，发挥榜样作用。沙钢每年组织开展“学习劳动模范”活动，在集团本部和各成员企业、学校、机关及社会等单位进行宣讲，学习劳模精神，争当精益工匠蔚然成风。每年抓好“总结评比”这一企业文化的标志性工程，通过评选先进集体、“一模四优”，营造见贤思齐、追求进步的浓厚氛围，激发广大职工干事创业的热情。以劳动模范和工匠人才为引领、群体创新为特色，高标准创建劳模创新工作室、技能大师工作室，领衔取得发明专利近200项。由全国劳动模范黄永林领衔的技能大师工作室、“全国五一劳动奖章”获得者杨庚豹创建的“国家级技师创新工作室”等，已经成为企业高技能人才的孵化平台，由“工”变“匠”的转化平台。结合职工实际需求，科学调整职工社团配置，增设电气技能社、钳工技能社、行车技能社等技能型职工社团，并持续加大经费保障和支持力度，受到职工好评。

二是增强企业文化，汇聚奋进力量。沙钢每年在重要节庆节日举办文艺晚会、读书分享、大合唱比赛等丰富多彩的文化活动以及“沙钢杯”足球赛、篮球赛等体育赛事，丰富职工业余生活，促进职工形成高尚的道德情操，锻炼强健体魄，提升综合素质。沙钢曲艺社获评“苏州市优秀职工文体团队”荣誉称号，选送的节目获“江苏省首届快板书大奖赛入围奖”。以沙钢故事为原型并在沙钢取景拍摄的电影《钢铁是这样炼成的》首映式在人民大会堂举行，被列为中宣部“中国梦”题材重点影片之一，获江苏省第十届精神文明建设“五个一工程”奖。

三是践行大爱担当，树立社会形象。在新冠肺炎疫情防控最紧急的时刻，沙钢在做好内部防控的基础上，第一时间捐助3000万元款物驰援鄂、苏“战疫”。河南暴雨洪涝灾害发生后，沙钢毫不犹豫地捐赠5000万元支援救灾重建。企业还主动投身党中央“万企帮万村”精准扶贫行动和光彩事业，倡议并发起“江苏民营企业决胜全面建成小康社会助力精准扶贫基金”，为决战决胜

脱贫攻坚决战贡献沙钢力量。自成立以来，沙钢累计上缴税收超千亿元，在捐资助学、修桥铺路、抗洪救灾、扶贫济困等慈善事业方面的资金捐助累计已经超过 8 亿元。在一系列大爱奉献行动中，企业的美誉度和产业工人的社会地位持续攀升，广大职工干部实现体面劳动、舒心工作、全面发展。

三、深化育人树人，在“强技能、提素质”上再聚焦

一是创新机制，健全人才“三通道”。沙钢建立纵向发展、横向互通的职工职业成长“三通道”，真正实现人尽其才、才尽其用。冶金行业职业（沙钢）技能鉴定站可开展涵盖炼铁、炼钢、轧钢、焦化等 12 大类 27 个工种的国家职业资格鉴定工作，为职工技术技能等级晋升开辟了广阔空间。2020 年沙钢“三通道”评定涵盖 250 多个工种，一万余人获得技术技能等级。

二是全面覆盖，抓好技能“大比武”。参照全国钢铁行业技能竞赛赛制，沙钢每年采取先培训、后竞赛、逐级选拔的形式举办“沙钢杯”职工职业技能比武，覆盖炼铁、炼钢、轧钢等主要工序所有岗位，职工理论水平和技术技能得到同步提升，一大批优秀技术能手脱颖而出，在国家、省市等各级劳动竞赛中屡屡获奖。在此基础上，沙钢内部组织开展高炉、转炉、电炉劳动竞赛，在全集团营造起“比指标领先、比稳产高产、比降本节支”的浓厚氛围，企业生产效率、效益不断提升。

三是系统高效，办精培训“学习班”。沙钢每年开展线上线下培训 600 余场，成功创建江苏省产教融合型企业，先后有 1000 余名员工通过自学或校企合作等方式获得本科、研究生学历。同时，沙钢每年实施“订一个学习计划、上一堂课、带一个人”的领导干部“三个一”工程，年均制订学习计划 2000 余项，内训课程 1000 余门，领导干部队伍整体素质显著提升。此外，沙钢还投资 700 多万元建设安全体感中心、模拟仿真实训教室，通过开展实训活动，引导广大职工学知识、强技能、增才干。

四、深化职工创新，在“添动能、促发展”上再突破

一是着眼生产开展技术创新。沙钢建成国家级企业技术中心，引领职工广泛参与小改小革、QC 小组等群众性创新活动，并将其成果推广应用于生产实践，释放职工的创造潜能。通过技术创新，沙钢累计获得授权专利近 700 项，其中发明专利 270 多项，一大批高端“明星产品”成功应用于国内重点工程和“一带一路”项目。著名的克罗地亚佩列沙茨大桥的桩基钢材全部来自沙钢，沪苏通大桥应用沙钢高强度桥梁结构钢 7.7 万吨。

二是群策群力促进管理创新。沙钢全体职工围绕公司管理运行年均提出 4000 余份具有合理性、可行性、效益性的“改善提案”。各基层党工组织结合自身实际开展“行动党支部”“明星员工评选”“自由课题攻关”“名师高徒”等创新管理，引领更多职工投身创新实践。在沙钢棒线厂“工效提升”活动中，职工自行设计、改进、制作的“行车自动脱钩装置”极大地提高了棒线堆垛工作效率和现场安全作业率，成功获评国家发明专利。

三是立足于一线鼓励指标创优。沙钢组织开展“岗位建新功，指标争一流”活动，一线职工立足岗位进行技术改进、工艺创新，狠抓生产过程稳定管控，实现各项生产经营指标不断提升，企业生产经营、安全环保、智能制造、工艺质量、队伍建设等多个方面取得积极成效。在参与行业进位的 31 项指标中，沙钢有 18 项处于第一方阵。

五、深化职工服务，在“维权益、谋幸福”上再提升

一是当好职工“代言人”。沙钢立足共建、共治、共享的企业治理新格局，定期召开职代会、工代会，审议研究与职工息息相关的薪酬福利、休息时间、工作条件及生活环境改善等事项；将组织召开功能单一的后勤服务座谈会，调整为组织召开由党支部书记、工会干部、职工代表共同参加的工作协商联席会；定期通过问卷、走访等形式开展职工生活、就餐、工作等多项满意度调查

并进行针对性改进提升，不断畅通职工反映诉求和参与企业管理的渠道。

二是当好职工“守护人”。近年来，沙钢累计投入300多亿元实施百余项重大环保提升工程，全工序达标超低排放，建成投用多个智能化生产调度管控中心，为职工创造舒适的工作环境。同时，常态化开展多种形式的安全教育，结合6S-TPM管理稳定提升设备设施安全度，细化劳保用品管理，定期开展职工免费体检和心理健康教育疏导，全力守护职工生命健康和人身安全。

三是当好职工“娘家人”。集团党委统一部署，党、政、工、团联合开展对困难和患病职工慰问、岗位送清凉、住房分配、职工子女入学、单身青年联谊等“实事工程”，真正解除职工的后顾之忧，让职工共享企业发展成果。2020年，公司帮助80多名适龄职工子女入学，发放高考优秀职工子女奖学金近13万元，发放困难补助近70万元。随着沙钢产改工作的持续深入，广大职工投入产改的热情更高，幸福感、获得感更加充足、更有保障、更可持续。

新华网、《工人日报》、《新华日报》、《苏州日报》等各级各类媒体多次对沙钢产改工作进行报道。省、市工会主要领导先后到沙钢实地调研，对沙钢产改工作及成效给予高度评价。

实施新型导师带徒，培养更多技能工匠

引领职工创新，激活高质量发展动能

周密做好劳动保障，守护职工安全

组织开展丰富多彩的文化活动，提升职工的幸福感、获得感

用好产业工人队伍改革“关键一招”助力企业驶上高质量发展“快车道”

山东钢铁集团有限公司

产业工人队伍建设改革是习近平总书记亲自点题、亲自部署、亲自指导的一项重大改革，事关改革发展稳定大局，事关国家和民族长远大业，事关产业工人的根本利益和整体利益。山东钢铁集团有限公司（以下简称“山钢集团”）作为拥有3.65万名产业工人的山东省属重点国有企业，坚定不移贯彻落实党中央决策部署和全总、省总工作要求，紧抓山东省新旧动能转换重要契机，全力打造产业工人队伍建设改革标杆，是近年来激发企业发展动力、改革活力、创新潜力的重要法宝。2021年5月31日，在山东省推进产业工人队伍建设改革工作经验交流会议上，山钢集团向全省各企业介绍了产改工作经验。同时，山东省产业工人建设改革领导小组在全省范围内转发山钢集团《职工思想政治引领行动方案》，全面推广山钢集团在产业工人队伍建设方面的优秀做法。《工人日报》《大众日报》等多家媒体均多次报道山钢集团产改相关工作。

一、举旗定向，下好党建统领先手棋

山钢集团高度重视产业工人队伍建设改革工作，把党的领导统领贯穿改革全过程。

一是顶格协调抓改革。2020 年，山钢集团成立了由党委书记、董事长任组长，党委副书记任副组长，党委常委和全体高管为成员的新时期产业工人队伍建设改革领导小组，制定下发了《关于深化新时期产业工人队伍建设改革工作实施方案》，就持续深化新时期产业工人队伍建设改革工作谋划制定了 7 个方面的 17 项具体工作，工作责任覆盖各职能部门，为后期高质量推进新时期产业工人队伍改革奠定了坚实基础。

二是健全机制抓改革。建立党委领导、工会牵头、行政协同、全员参与的工作机制，出台《关于深化人才发展体制机制改革的意见》及配套制度等十余项产改政策文件，持续强化改革顶层设计。山钢集团党委常委会定期专题听取产改工作专题汇报，专题研究产改相关工作，现已形成完备的运行部门协同联动机制、思想政治引领机制、技能素质提升机制、劳动竞赛激励机制、权益维护保障机制、基层组织建设机制等多项保障机制。

三是思想引领抓改革。坚持“政治上保证”，在山东省管企业中第一个出台《职工思想政治引领行动方案》，打造全面探索新时期产业工人队伍思想政治建设的“山钢样板”，使广大职工在理想信念、价值理念、道德观念上紧紧团结在一起，听党话、跟党走。建设以“齐鲁大工匠”蔺红霞、李仁壮为代表的各级劳模（工匠 / 高技能人才）创新工作室，弘扬“三种精神”，传承奋斗意志。强化职工书屋建设，丰富职工文化阵地，集团公司总部职工书屋等多个书屋获全总优秀职工书屋称号。开展“中国梦 · 劳动美”系列主题活动、劳模工匠宣讲活动、“网聚职工正能量 · 争做中国好网民”主题活动，举办山东省劳模工匠宣讲启动仪式。大力宣传全国时代楷模，邀请“连钢创新团队”作专题事迹报告。拍摄《我们都一样》《有你真好》等多部职工专题片，被“学习强国”播发。强化女职工文化建设，“书香三八”活动闪亮全国。

二、融入大局，唱响建功立业最强音

围绕中心、服务大局，激励广大职工立足岗位建功立业，凝聚推进高质量发展的强大合力。

一是立足改革发展，全面开展劳动竞赛。大力开展省级重点工程劳动竞赛、集团公司主题劳动竞赛以及各权属单位劳动竞赛，助力山钢集团逐步走出了一条转型发展特色之路。“十三五”期间，山钢集团累计举办各类劳动竞赛400余场，参与职工21万人次，对80万人次开展职业技能培训和技术比武。其中，莱芜区域新旧动能转换省级重点工程劳动竞赛采取千分制考核，明确重点绩效点170余项、重点风险点300余项，全面助力工程建设各项工作，其1#480m^2烧结机工程建设用时9个多月，创造了国内同类烧结机建设工期的新纪录。

二是聚焦载体创新，拓宽职工成长路径。建立高技能人才评定和奖励机制，每两年开展一次技能大师评定和山钢工匠评审，并提供5万元高技能人才补贴及相应待遇。构建管理、技术、操作三个通道多层次纵向贯通、横向联通的职工职业发展通道，实现了不同序列岗位的相互转变和晋升，打破了一线职工成长发展的“天花板”。树立“互联网＋技能提升”标杆，开发建设职工网上学习系统，建立职工学习阵地34个，覆盖工种100余个，试题50余万道，一线职工参与率达到95%以上，职工网上练兵24754人，答题人次超过5000万。全总办公厅印发的《以“互联网＋”激发新时代产业工人新动能》调研报告指出，在全国范围内推广山钢集团典型经验。大力开展劳模、工匠培育选树活动，营造尊重先模、对标先模、学习先模的良好氛围，2020年山钢集团日照公司职工胡淑娥荣膺“全国劳动模范”称号。

三是对标对表先进，推动全员平凡创新。在山钢集团党委的领导下，山钢集团工会聚焦激发职工创新活力，先后制定并由党委印发了《关于开展“平凡创新”工程的指导意见》《全员平凡创新奖评审表彰办法（试行）》，多次召开“全员平凡创新”工程推进会和“全员平凡创新奖”表彰大会，评比表彰各类先进227个，编辑近17万字的《平凡创新的力量》，在全集团营造了尊重创新、鼓励创新、宽容失败的全员创新工作氛围。2021年，山钢集团工会率先对标永锋钢铁，并形成高质量调研报告，得到集团党政主要领导专门批示并转发全集团，“全员岗位创新是企业高质量发展的长久动力”在全集团形成共识。山钢集团推行全员岗位创新试点，制定《优秀全员改善成果评选表彰办法》《全员岗位创新评审专家管理办法》，进一步完善创新评审制度体系；推行“一把手”负责制，全员岗位创新绩效直接与“一把手”年薪挂钩；设立1000万元专项奖励基金，一线职工创新成果最高奖励30万元；实施创新积分制，创新积分可直接兑换职工工资；建立网上创新成果申报系统，实现创新成果申报评审“一键通达”。2021年以来，山钢集团职工已提出各类创新改善项目10.4万项，人均达4.3项。山钢集团每天诞生一项发明专利。

三、以人为本，凝聚职工队伍正能量

实现好、维护好、发展好产业工人的合法权益，积极构建和谐的劳动关系，凝聚发展正能量。

一是让产业工人有地位。山钢集团高度重视提升优秀产业工人的政治地位，在山钢集团历次职代会上，“全国劳动模范”姜和信、齐鲁大工匠蔺红霞始终就座于主席台第一排。大力开展“向职工代表学习，为职工代表服务”五个专项行动，开展“职工代表提案面对面办理反馈”活动，夯实职工主人翁地位，山钢集团荣获全国厂务公开民主管理先进单位。注重从一线职工中推选各类先进，山钢集团党代表、职代会代表、工会会员代表、团代表中一线职工比例均超过60%，劳动模范中一线职工和技术人员比例达到93.3%。

二是让产业工人得实惠。落实职工工资总额决定机制，实现职工收入与企业经营绩效同向联动，“十三五”期间，职工工资年均复合增长率达到17%。2021年8月27日，山钢集团在全省大企业中首个开通了“齐鲁工惠”App，建立“幸福山钢”职工网上服务平台，设立重疾绿通、（京东）山钢惠购、济南互助等18个服务模块，累计投入500余万元开展职工普惠活动，把真金白银的实惠送到每名职工的手上，为职工提供衣食住行游购娱全方位网络化服务，打通了服务职工“最后一公里”。

三是让产业工人有保障。深入推进“幸福和谐新山钢”建设，持续构建和完善专项精准帮扶线、日常救助温暖线、互助互济保障线、补充医疗安康线、重疾绿通服务线、品质生活普惠线，职工的获得感、幸福感、安全感日渐上升。近两年来，山钢集团日常救助困难职工 2818 人、发放救助金 670.39 万元，春节送温暖走访慰问困难职工 1138 人、发放慰问金 122.49 万元；职工互助互济保障受益 172 人，发放保障金 67.4 万元；签订女职工专项合同，开展女职工查体 11821 人，为女职工单独购买特种保险 8661 人，荣获山东省女职工权益保护专项集体合同规范化建设示范单位等称号。2020 年底，山钢集团建立职工重大疾病绿色通道，可为患重大疾病职工免费预约全国知名专家及异地三甲医院就诊住院等服务，得到职工高度认可。

下一步，山钢集团将深入贯彻落实习近平总书记关于产业工人队伍建设改革的重要指示精神和工作部署，进一步深化产业工人队伍建设改革工作，以更高的站位、更有力的措施和更富有成效的工作业绩确保这项重点综合工作不断向纵深发展，以持续的改革、优秀的管理、一流的职工队伍为山钢集团实现“强”起来发展新跨越提供强有力的支撑，迎接更加美好的未来！

莱芜片区新旧动能转换重点工程劳动竞赛入选山东省示范性重点工程劳动竞赛项目

优秀岗位创新项目颁奖

专题网上练兵团队PK赛

服务国家战略需求　聚焦攀西资源综合利用 产教融合培养新攀钢高技能人才

攀钢集团有限公司

攀钢集团有限公司（以下简称“攀钢”）作为攀西国家级战略资源创新开发试验区核心企业，始终高度重视产业工人队伍建设，把产业工人作为企业发展之基、兴盛之本，坚持“人才强企”发展战略，把推进产业工人队伍建设改革作为实现高质量发展的基础保障，制定了《攀钢产业工人队伍建设改革试点方案》。自开展试点工作以来，全集团认真学习贯彻习近平总书记关于工人阶级和工会工作的重要论述，把推进产业工人队伍建设改革作为集团公司改革发展的首要任务，从解决产业工人普遍关心的突出问题入手，采用“12345”工作机制，坚持一个目标，拓宽两个通道，实施三大计划，打造四个平台，完善五项保障，推动攀钢产业工人队伍建设改革取得明显成效。

一、坚持一个目标，提高产业工人素质能力与岗位的匹配度

坚持以素质能力与岗位高度匹配为目标。要将产业工人培养作为企业人才工作的重要组成部分，突出人才培养是“一把手”工程的工作理念，不断强化组织和领导，在用工总量下降的基础上，充分认识到用好用活存量人才的重要性，加强存量开发。根据产业工人的具体情况，找准结构性方面的问题，将现

有产业工人的技能水平提升落实到岗位和个人，将人岗匹配落到实处，着力构建与企业高质量发展高度匹配的产业工人队伍。

二、拓宽两个通道，增强产业工人培训的针对性和实效性

创新产业工人全职业生涯培训培养机制，突出“高精尖缺”导向，以“人才兴企”工程构建人才培养体系，制定《“人才兴企”工程实施方案》《人才工作管理办法》《教育培训管理办法》《专业技术职务任职资格管理办法》等制度，构建“双师型”人才成长的“两个发展通道”。一是职业发展通道，在国家确定的 5 个等级基础上，增设了“三级技师→二级技师→一级技师→特级技师→首席技师” 5 个发展层级，引导广大技术工人争当高技能领军人才。二是职称发展通道，在专业技术职称评聘中，设立了论文发表、技能传承、操作法提炼、专利发明和业绩岗位贡献等量化条件，截至 2021 年 4 月底，攀钢职工拥有正高级职称 87 人、副高级职称 1500 余人、中级职称 4800 余人。

三、实施三大计划，夯实产业工人的技能提升培训工作

一是实施“英才”培养计划。按照《鞍钢“英才计划”人才培养实施方案》，系统梳理关键技能岗位人员总体情况，建立基于业绩贡献、技能水平、人才培养、成绩荣誉等多维度、可量化的人才成长积分评价机制，分层级、分类别实施差异化培训，提高培训的针对性和精准性，满足个性化的培训需要。二是实施核心人才共享计划。以产业板块和重要工种领域为基础，建立钢铁板块、钒钛板块以及设备专业等核心技能人才库，以解决生产难题；以关键技术攻关为导向，构建核心人才共享机制，实现同一板块不同区域的工艺、设备等难题和故障由共享人才库专家共同研究解决；以高端技能人才培养为导向，发挥核心技术技能人才的领军作用，通过建立高级工程师和技能领军人才跨区域、跨单位帮带高技能人才制度，开展互助式、带动式、互促式人才交流，提升高技能人才实践与理论结合水平。三是实施岗位技能提升计划。结合省、市

职业技能提升行动计划，以师带徒、现场实操教学和短期集中技能培训为重点，结合生产实际需求，依托各基层单位，开展技能职工的岗位适应能力和实际操作技能培训，力争用三年时间做到对技能操作人员的全覆盖，全面提升职工的岗位技能水平；结合全国行业职业技能竞赛和鞍钢群英赛、攀钢职工技术运动会等竞赛项目，通过以赛促学、以赛提技的方式，加快培养和选拔高技能人才，并按职业技能等级晋升的相关规定落实破格申报与晋升政策。

四、打造四个平台，构建产业工人培养新模式

一是打造企校合作平台。与重庆大学、昆明理工大学等高校合作，充分发挥高校专业优势和师资优势，每年至少举办高技能人才培训班 25 期、集团级技能人才培训班 30 期，强化生产与课堂零距离链接，拓宽“高端视野”，提升“高超技能”。二是打造技能大师工作室平台。制定《攀钢集团有限公司职工创新工作室运行管理办法》，每两年组织一次集团级工作室评审、命名，并给予 5 万元经费支持，推动职工创新工作室联盟建设，成立 5 个联盟小组，跨单位、同专业工作室发挥上下工序协同作战能力，从“单兵作战”向“团队合作”发展；作为四川省机电冶煤劳模和工匠人才创新工作室联盟技能组长单位，联合 9 家川内企业的 17 个工作室协同发力，取长补短强化软硬件水平，目前攀钢拥有国家技能大师工作室 1 个、四川省“十佳”劳模创新工作室 1 个，省、市级劳模和技能大师工作室 21 个。三是技术比武练兵平台。集团每两年组织一次攀钢职工技术运动会（2020 年开始比赛项目纳入四川省二类竞赛），同时全集团每年都开展全员岗位练兵活动和不同工种技能比武活动，以赛带训、以赛促训引导产业工人提升技能水平，通过技能竞赛，2020 年共有 6 名职工晋升高级技师，9 名职工晋升技师。2021 年攀钢第九届技术运动会如期进行，共设置集团级项目 13 项（纳入省级竞赛项目 10 项）、分子公司级项目 77 项，其中集团级项目竞赛 3600 余名职工参加，385 名职工进入实操比赛。四是打造网上学习平台。将“互联网 +”思维与产业工人素质能力提升有效结

合，通过微课教学、网络学习和线上答题等形式，搭建起“网页 + 手机 App+ 实体培训”的互联网学习平台，同时通过引入 VR 技术设备、模拟仿真系统，建设安全体验馆等，搭建和完善攀钢钒工业自动化与液压传动实训基地、矿业公司钳焊等实训基地，一方面通过网络实训平台可以合理优化学习时间，增大培训受众覆盖范围，有效解决工作与学习之间的矛盾。另一方面通过大量反复、不限次数的网上学习与答题，可以使职工全面掌握技术技能知识，提升培训效率和效果。截至目前，网上学习平台累计访问量达 57 万人次，使用点击量 600 万人次。

五、完善五项保障，推动产业工人队伍建设实现新突破

一是政治激励机制。让优秀产业工人“站前台、坐前排”，攀钢第九次党代会代表中优秀技能人才共 56 名，占代表比例 25.93%，同比提高 3.17%；提高产业工人评先的比例，一线产业工人在集团先进评选中占比不少于 60%，2019—2020 年评选的全国、省、市各类先进员工中一线产业工人占比 50%。二是薪酬激励机制。按照《攀钢集团有限公司人才管理办法》，部分首席技能专家薪酬达到所在企业副总师薪酬水平，部分资深技能专家薪酬达到所在企业中层人员薪酬水平，是所在企业职工平均收入的 2 ~ 3 倍。三是成果激励机制。在公司各级科技奖项中设置了“技能人才组”，加强对先进操作法的总结、提炼、推广，用创作人的名字命名操作法，使操作法能够更好地被传承，仅 2020—2021 年就命名了 21 项集团级职工先进操作方法。四是荣誉激励机制。2020 年至今，攀钢邹明、杨林 2 人被评为“全国劳动模范”，岳彩东等 6 人获评“四川省劳动模范”，2 名高技能人才获得国务院特殊津贴，梁恩荣获评全国、省“五一劳动奖章”，矿业公司选矿厂、四川鸿舰重机两家单位获评“四川省五一劳动奖状”。对作出突出贡献的技能人才，集团公司主要领导亲自接见、慰问，党政工团部门联合表彰，让高技能人才更受尊重、更有尊严、更显价值。五是政策激励机制。充分依据《四川省职业技能提升行动实施方案

（2019—2021）》、四川省人力资源和社会保障厅《关于开展企业职业技能等级认定试点工作的通知》等技能人才培养方面的相关政策，积极争取上级部门的支持和帮助，为全面加强技能人才队伍建设提供更好的政策支撑，2020 年共计争取上级支持资金 3400 余万元。

作为四川省首批产业工人队伍建设改革试点单位，攀钢将坚持创新驱动发展，服务国家战略需求，聚焦攀西资源综合利用，加速构建攀钢第三代技术体系，持续推进产业工人队伍建设改革，深化新攀钢建设，加快打造世界一流新金属材料企业，以优异的成绩庆祝党的百年华诞！

攀钢钒轨梁厂开展保重轨钢实物质量劳动竞赛

攀钢集团公司重轨生产线

西昌钢钒汽车板生产现场

创新产业工人队伍建设模式 助推企业高质量协同发展

广西柳州钢铁集团有限公司

近年来，广西柳州钢铁集团有限公司（以下简称“柳钢”）工会以习近平新时代中国特色社会主义思想为指导，深入学习贯彻党的十九届五中全会、中国工会十七大等重要会议精神，围绕中心、服务大局，以夯实机制建设为基础，以开展群众性经济技术创新活动和“安康杯”竞赛活动为载体，创新新时期产业工人队伍建设模式，取得了显著成效。

一、夯实机制建设，强化推进产业工人队伍建设基础

根据柳钢的实际情况，对《柳钢先进集体、先进个人（劳动模范、标兵、先进生产工作者）评选管理办法》进行重新修订，使评先工作与组织绩效考评等工作相结合。出台《柳钢集团劳模（标兵、专家）创新工作室建设标准（试行）》制度，使劳模（标兵、专家）创新工作室在助推企业发展过程中发挥更大的作用。

二、以开展群众性经济技术创新活动为抓手，在建功立业中锻造新时期产业工人队伍

一是健全完善劳动竞赛制度。制定下发横跨五年的劳动竞赛文件，并根据当年实际情况制定配套劳动竞赛方案。成立以公司领导为竞赛领导小组、相关单位及部室主要负责人为办公室成员的劳动竞赛委员会，集团劳动竞赛委员会对各单位劳动竞赛活动实行统一领导、部署、指导、督促、检查和协调。各单位成立相应的领导机构，加大对劳动竞赛工作的领导，同时按照科学规划、统筹安排、加强领导和认真组织实施的要求，建立和完善竞赛活动、竞赛评估、竞赛激励、竞赛保障、工匠选树等工作机制，建立竞赛自查、督查、汇报、通报的监督考评机制，定期将相关统计数据向公司工会和同级党政部门汇报，保证劳动竞赛的机制不断完善。

二是创新拓宽劳动竞赛内容。注重在推动竞赛形式和载体的创新上下功夫，通过劳动竞赛，不断推进公司生产经营、服务、安全生产的水平上新台阶。如设置“降本指标再下降”“产品质量再提升”“服务水平再提高”3 个挑战项目，使广大职工积极投身公司挖潜增效工作，成功实现单位综合降成本指标、钢铁产品主要质量指标不可能完成的新高度（如创造公司、行业同类型最好水平等），居本系统（行业）第一，为上下道工序（单位）提供优质服务，工作效率高，并取得显著成效。

三是组织开展年底专项竞赛。为激励相关单位最大限度地挖掘生产组织管理潜力，引导广大职工抓住有利的生产机遇，顾全大局、团结协作，为公司实现销售收入、利润目标发挥生产单位的积极作用。2020 年在烧结厂、焦化厂、炼铁厂、转炉厂、棒型厂、中板厂、冷轧厂和热轧厂开展以“冲刺四季度，增产增效，提质降本”为主题的专项劳动竞赛并取得实效。如炼铁厂开展的“降本指标再下降，生铁产量再提升”专项劳动竞赛，取得降低成本 1.383 亿元、生铁成本排名进入全国前十的好成绩；棒线型材厂开展的“冲刺四季

度，增产增效，提质降本”专项劳动竞赛，使降本指标再下降 5 项（日产量达 3800 吨，单位成本降低 36.4 元 / 吨），棒材在全国首次采用控制轧制工艺生产热轧带肋钢筋，合金成本大幅降低，棒材产量最高 1261 吨；中板厂开展的“防钢用钢难轧品种”专项劳动竞赛，增加效益 2300 多万元；热轧厂开展的“深挖潜力、降耗提效、高效生产”专项劳动竞赛，使二热轧综合成材率完成 98.61%，较 2018 年提升 0.15%。

四是组织开展常规劳动竞赛。一是进一步发挥劳模和工匠人才创新工作室作用，仅 2020 年创新工作室就完成项目 100 多个，获得专利 90 多个，为企业创造经济效益 1 亿多元。二是开展合理化建议活动，2020 年收到建议 1210 条，采纳 653 条，实施 283 条，创造效益 6000 多万元。三是以“安康杯”竞赛活动为载体，开展“零违章、零隐患、零事故”竞赛活动，督促企业把安全生产工作等群众性劳动保护活动纳入竞赛内容。四是开展“工人先锋号”创建活动，以激发广大职工工作热情和创造活力为目标，以班组竞赛为重心，以创一流工作、一流技术、一流业绩、一流团队为内容，把建设“五型”（技能型、效益型、管理型、创新型、和谐型）班组工作内容纳入创建活动中，不断增强班组成员的执行力、凝聚力和向心力，取得良好成效。

五是组织开展专项职工职业技能竞赛。第一，组织公司优秀职工参加区、市总工会组织的职工职业技能大赛，通过以赛代练的模式不断提高广大职工的技能水平。2020 年黄芝敏、沈健、郑雷、韦仕宇分别获得柳州市化学检验工、食品检验工、计算机操作员、质量（QC）管理员大赛第一名；汪玉华获全区质量（QC）管理员大赛第二名、黄芝敏获全区化学检验工大赛第三名、巨星波获全区质量（QC）管理员大赛第三名。2021 年组织职工参加首届“龙城杯”职业技能大赛，选送 18 名选手参加网络安全、电工、工业机器人应用、装配建筑安装工等 8 个工种的比赛。冷轧厂劳汉文获工业机器人应用工种大赛三等奖，后勤中心李玉斌获电气安装工种大赛三等奖。第二，强化“互联网 +”模式，推动线上线下相结合的岗位练兵模式，组织 6000 多名职工参加中国机械冶金建材工会“百个工种同上线、百万职工大练兵”职工网上练兵活动。2020年柳钢得分在50家钢铁企业中排名第七，在全总的各工种行业闯关分数总排名中，中板厂电工罗顺瑞排名全国第一，加热工杨潇柳、盘国寿、唐寒松包揽前三名，技术水平得到了有效提升。第三，联合培训中心开展“锻造匠艺，逐梦深蓝”岗位网上练兵活动。充分运用“柳钢之家”智慧工会平台，针对集团通用及各单位专项工种进行岗位网上练兵活动，不断提高广大职工技能水平，为打造集团创新型新时代产业工人队伍作贡献。2021年第一季度共有冷轧厂、气体公司、动力厂等8个单位共88人次获奖励。

三、以开展职工创新节为契机，提升产业工人队伍创新能力

为庆祝中国共产党成立100周年，贯彻落实中华全国总工会办公厅《关于广泛深入持久开展“五小”活动的指导意见》的部署要求，2021年，柳钢积极组织动员集团广大职工投身岗位创新，助力集团高质量协同发展，联合人力资源和社会保障部、中国科学技术协会，举办柳钢第一届职工创新节活动。

一是开展“独具匠心　创新未来”职工创新成果评选活动。活动开展以来，共收到29家单位申报的154项成果，涉及生产技术研发创新、工艺技术升级改造、先进操作法、“五小”攻关成果、生产系统及设备管理、班组创新管理等内容。经专家组评审，评出职工技术创新成果33项，管理创新及班组管理创新成果15项。活动营造了良好的创新氛围，激发了职工创新活力，培养选树了创新人才，有效推动了职工岗位创新活动在集团广泛深入开展。

二是开展“创新赢未来”职工技术创新讲堂活动。通过邀请首钢专家开展职工技术创新讲座形式，进一步提高广大职工创新意识、创新理念，开拓广大职工寻求新的创新方法及技巧的思路。

四、发挥先模作用，为产业工人队伍引向导航

一是开展“匠薪传承”劳模（工匠）讲堂活动。在“柳钢之家”智慧工会

平台上，通过12名劳模（工匠）主题演讲、技能展示等形式，宣传劳模（工匠）先进事迹，推广劳模（工匠）创新方法，进一步发挥其示范带头作用。

二是开展第三届“柳钢工匠”评选。以打造新时代产业工人队伍为目的，为助力集团高质量协同发展，推动集团迈进世界500强，组织开展第三届“柳钢工匠”评选活动。第三届“柳钢工匠”评选面向与柳钢签订正式劳动合同的在职职工，重点关注基层一线、操作岗位职工群体。活动共收到18家单位推荐（自荐）的22名员工参评，经资格审查、组委会评审等，黄芝敏、莫勇求、黄德文、张志登4名同志被评为第三届“柳钢工匠”，罗园、刘彬、曾庆、陈剑锋4名同志被评为第三届“柳钢工匠提名奖”。评选出的第三届“柳钢工匠”及“柳钢工匠提名奖”人选均具有工艺专长并掌握高超技能，能带领职工在助力集团高质量协同发展中体现领军作用，作出了突出贡献。

三是整合劳模创新工作室资源。充分利用柳钢培训中心及原有创新工作室，打造“柳钢劳模创新工作室联合工作站”“劳模创新工作室实训基地”，通过“工作站”及“实训基地”的成立，整合集团各系统培训资源，使资源共享，发挥“传帮带”作用，实现培训质量的飞跃。以“工作站”“实训基地”为平台，充分发挥实训场地的作用，组织开展实操训练和竞赛等活动，极大地促进了员工队伍素质的提高，也使工作室的培训从面向各自单位、岗位向面向整个集团转变。同时，与柳州供电局联合成立“柳钢集团—柳州供电局劳模创新工作室联合工作站”，使柳钢劳模创新工作室打破单位及行业的局限。通过与柳州供电局不定期开展技术交流、技术培训、技术攻关等，将柳州供电局的经验、技术等引入柳钢劳模创新工作室当中。以“走出去、引进来”的方式，集团劳模创新工作室真正实现围绕集团大局、培育产业化工人队伍以及服务企业的作用。

四是汇编印制《柳钢集团劳模（标兵、专家）创新工作室展示册》，将柳钢劳模（标兵、专家）创新工作室经过多年学习、探索、实践和总结出来的经验、做法进行汇编，对正在创建和准备创建“工作室”的单位起到有效的指导作用。

五、坚持五个原则，“安康杯”竞赛活动为产业工人队伍保驾护航

以坚持以人为本的原则、坚持预防为主的原则、坚持齐抓共管的原则、坚持管教结合的原则、坚持与时俱进的原则的“五个原则”模式，开展“安康杯”竞赛活动，使活动成为推进产业工人队伍建设的有效载体。

一是健全活动组织领导机构。形成由集团董事长、总经理担任活动领导小组组长，分管安全生产工作行政领导以及工会主席担任副组长，集团工会副主席、集团安监室主任担任办公室主任，集团安委会成员及二级单位工会主席担任成员的竞赛组织机构，使“安康杯”竞赛形成党、政、工齐抓共管的局面。

二是夯实活动机制。第一，为了进一步推动企业安全生产和工会劳动保护工作创新发展，团结动员广大职工为集团公司安全生产形势持续稳定发展建功立业，针对当年劳动保护工作实际情况，由集团工会联合集团安监室下发以“建设企业安全文化，促进企业安全发展”等为主题的“安康杯”竞赛活动通知，对“安康杯”竞赛活动进行统一布置。第二，集团工会联合总调度室等部门制定出台《柳钢推进安全文化建设实施方案》，逐步将安全文化理念渗透到每位员工的思想中，用安全文化的影响力潜移默化地转变员工的思想观念，规范员工的操作行为，提升员工的个人素养。

三是拓宽“安康杯”竞赛内容。将推动落实全员安全生产责任制、开展全员安全生产教育培训、开展群众性安全生产活动、开展安全生产标准化班组建设、推进企业安全文化建设 5 项内容纳入“安康杯”竞赛活动当中，并对每项内容进行详细布置安排，使活动做到全员、全过程、全方位责任化，建立和完善了横向到边、纵向到底、各司其职、合力监管的责任和监管体系，使“安康杯”竞赛活动得到不断地延伸。

四是开展喜闻乐见的“安康杯”竞赛活动。如开展劳动保护知识培训班，进一步提升集团工会干部队伍以及劳动保护监督员队伍素质，提高工会干部和

劳动保护监督员在劳动保护工作方面的履职能力；以树立安全发展理念，弘扬生命至上、安全第一的思想为核心，开展“中国梦·劳动美”安全漫画大赛以及安全漫画大赛作品展，营造了人人讲安全、事事重安全、处处保安全的安全生产环境；开展“消除事故隐患 筑牢安全防线”安全生产辩论赛，进一步推动了集团的安全生产文化建设，普及安全知识，增强广大职工的安全意识；开展“战高温、促建设、夺高产”防暑降温现场慰问一线活动，对集团二级单位及广钢、中金、十一冶的一线高温岗位职工及特殊岗位女职工进行慰问，让广大职工在感觉到集团关怀的同时提高安全意识；与柳州市总工会联合在集团范围内开展“我要上安全网”线上安全学习活动以及与集团安监室开展“迎春安全杯”竞赛活动，营造良好的学习安全知识的氛围；与集团安监室联合开展班组安全标准化建设、班组安全目视化管理等，不断提高全体员工在生产过程中的安全文化素质和技术素质，增强对安全隐患的判断技能和分析能力；通过企业宣传板报、电视、刊物、网络、手机 App 等多种媒体对职工宣传培训劳动保护知识，将企业安全文化理念灌输并根植于全体员工心中。

“创造青春新价值”先模宣讲专场

柳钢集团董事、工会主席刘红新为第二届“柳钢工匠”颁奖

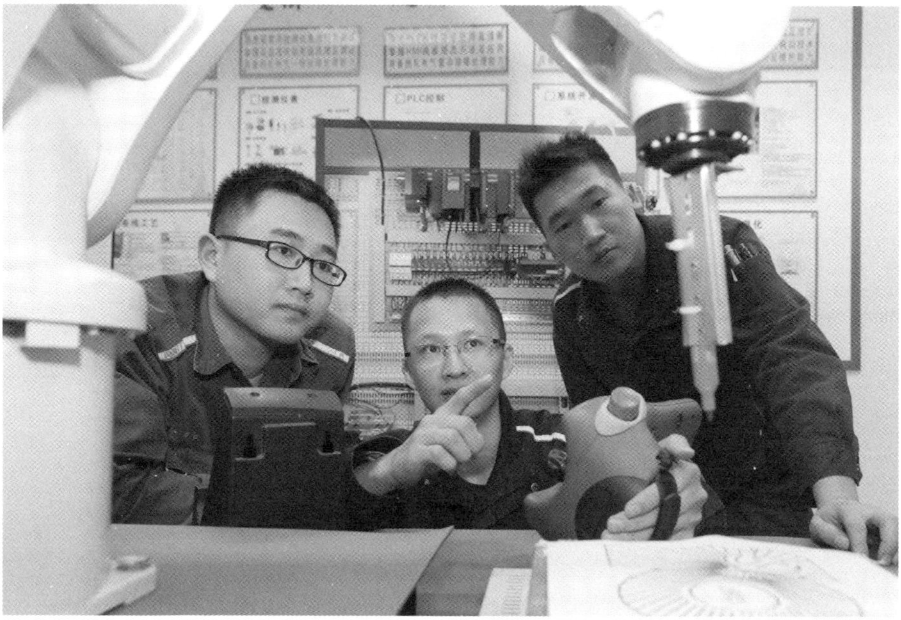

先模工作室创建活动

2021年职工技术竞赛暨“棒型新星杯”技术竞赛

深入实施“321”工作思路 打造产业工人队伍建设改革“金川样板”

金川集团股份有限公司

金川集团股份有限公司（以下简称“金川集团”）是甘肃省政府控股的特大型采、选、冶、化、深加工联合企业，是中国最大的镍钴生产基地和铂族金属提炼中心。2021 年位列世界企业 500 强榜单第 336 位，中国企业 500 强榜单第 93 位。公司现有二级单位和分（子）公司 46 个，共有员工 34739 人，其中一线产业工人 20793 人，高级工及以上高技能人才 11081 人，占产业工人总数的 42.3%。产业工人平均年龄 40.9 岁，技师及以上高技能产业工人平均年龄 47.6 岁。作为全国产业工人队伍建设改革第一批全面试点单位，公司坚持以习近平新时代中国特色社会主义思想引领改革，以“为全国国有企业产业工人队伍建设改革探路”为己任，创新制度体系建设方式，搭建素质提升平台，努力为全国产业工人队伍建设改革贡献金川力量。

一、强化顶层设计，持续推进产改工作走深走实

一是设计顶层改革方案。金川集团高度重视产业工人队伍建设改革工作，相继制定实施了《金川集团股份有限公司新时代产业工人建设改革实施方案》（以下简称《实施方案》）《金川集团股份有限公司产业工人素质提升规

划（2020—2021 年）》《金川集团股份有限公司关于提高高技能人才待遇的指导意见》，形成了产业工人建设改革“321”工作思路。三个立足——立足贯彻党中央对产业工人队伍建设改革的精神，精准领会并掌握产业工人队伍建设改革的精神实质和核心要义，立足企业产业工人队伍现状，立足企业高质量发展对产业工人的实际需求；两个重点——构建产业工人队伍发展成长机制和产业工人素质提升工作体系；一个目标——提升产业工人队伍整体素质。三个立足是思想基础和前提条件，两个重点是工作改革领域，一个目标是工作终极靶向，三者逐层递进、环环相扣，形成了一个整体。公司紧扣“321”工作思路，有计划、分层次、按步骤地推进产业工人队伍建设改革工作，确保工作攻坚方向不偏、工作重点不移、目标任务清晰，为产改工作顺利推进描绘了路线图、提供了保证。

二是加强组织领导。公司成立由党委书记、董事长和总经理任组长的协调领导小组，构建党委统一领导、工会牵头抓总、各部门各司其职的工作机制，将《实施方案》细化为 100 条工作任务分解到具体部门，确保改革任务有分工、完成有时限、责任到人。截至目前，公司共召开推进会 10 次，领导小组成员深入基层调研 133 次，督导工作 66 次。公司工会充分发挥组织、协调和牵头作用，建立了上传下达、意见征集、工作协调的推进机制，组织召开推进工作会议，组织人员到基层调研、督导工作 53 次，及时收集工作中存在的问题，积极向领导小组反馈意见，实现了上下联动、整体推进的良好局面。

三是强化舆论宣传。公司坚持思想引导和典型引路，充分运用各种媒体，多渠道宣传推进产业工人队伍建设改革的目的、意义、先进典型和具体做法，促进各单位深入推进产改工作。截至目前，公司在《工人日报》《甘肃日报》《甘肃工人报》刊发专版，通过各种媒体发表新闻 330 篇，刊发《实施方案》解读文章 9 篇，在公司手机报、微信公众号设置了产业工人队伍建设改革专栏，专门用于刊登宣传产改工作的文章。公司开展“云课堂”劳模宣讲活动 5 期、组织订单式劳模宣讲 32 场次，编发《金川集团股份有限公司产业工人队伍建设改革工作专报》28 期。铜业有限公司高级技师、正高级工程师、“全国劳动模范”、一线产业工人潘从明作为企业代表参加庆祝建党 100 周年庆典，并在甘肃省庆祝建党 100 周年大会上作为唯一的企业代表发言，产业工人在社会上的影响力进一步提升。

四是以改革推进建设。推进产业工人队伍建设须以改革推进工作。改革的核心是破旧立新、革除制度和体制机制藩篱，建立适合新时代产业工人发展的新制度。公司坚持以改革的办法建立促进产业工人健康成长的制度体系。紧紧围绕产业工人队伍建设改革目标任务，产改协调小组各成员单位结合各自工作职责，认真研究相关法律法规和上级组织的工作要求，扎实推进制度修订工作，修改不适合新时代产业工人队伍发展的制度，充分落实公司产改工作要求。截至目前，共制定与修订《金川集团股份有限公司关于提高高技能人才待遇的指导意见》等公司级制度 56 项，厂（矿）级制度累计 1400 多项，改革涉及人事管理和高技能人才选拔任用、待遇、表彰奖励等多个领域的多项制度，为深入推进工作扫清障碍，提供制度保障。

二、构建产业工人发展成长机制，产业工人地位得到新提升

一是完善主人翁制度安排，让产业工人有地位。第一，深入推进习近平新时代中国特色社会主义思想进车间、进班组、进岗位和进形势与任务教育活动，团结和引领产业工人听党话、跟党走。自推进产改工作以来，开展面向产业工人的红色教育 103 场次、形势与任务教育 670 场次，由一线工人党员主讲的“我身边的共产党员”党课 86 场次。第二，为产业工人参政议政和参与企业管理创造条件。公司推荐的产业工人在省、市、区人大和政协人选中比例由 26% 提高到 30%。建立完善产业工人参与基层党建、群团工作和公司治理的机制，设立职工董事、职工监事，制定一线职工代表参加公司党委全委会、总经理办公会和安委会制度。产业工人在一线党支部支委会的任职比例由 15% 提高到 22%，在公司工会的任职比例由 6% 提高到 18%，在公司职代会

的任职比例从40%提高到60%。第三，提高产业工人评先的比例，将一线工人在公司劳动模范评选中的占比由50%提高到60%，在公司优秀共产党员评选中的占比提高到52%，超过了管理与工程技术人员占比的总和，获得“金川工匠”、先进生产者等荣誉称号的人员全部从产业工人中产生，让产业工人有地位、受尊重，增强产业工人的荣誉感。

二是创新职业发展体系，让产业工人有前途。第一，拓展产业工人发展通道。公司打破管理、工程技术岗位与生产操作岗位之间的身份壁垒，改革人事管理体制和薪酬激励办法，为产业工人设计了走向管理和工程技术岗位、“阶梯形”晋升技术等级、通过技能竞赛破格晋升技术等级、获得省级劳动模范以及享受省级政府特殊津贴以上荣誉破格晋升技术等级等多条职业发展通路。推进产改工作以来，6630名产业工人晋升技能等级；5名优秀工人被提拔为车间内设机构负责人；43名一线工人分别担任主管工程师、首席工程师和高级工程师；将安全员等工种的职业通路由高级工延伸至技师，67人经考评晋升为技师。第二，鼓励产业工人创新创效。推行科技创新成果和专利利润分成办法，提取专利对外销售净利润的20%作为奖励。将职工创新成果对外交易获得的265万元利润全部用于奖励成果创造人；建立以创新者名字命名技术创新成果和先进操作法的制度；推出“揭榜挂帅”选聘科研课题负责人制度，不论门槛、不问身份。截至目前，1430名一线工人参与公司级科研攻关项目381项，全部享受项目津贴；探索建立高技能人才科技成果入股机制，以产业工人科技成果入股的方式成立了科技型合资公司。第三，树立技能导向激励机制。给予获得“陇原工匠”“甘肃省技术能手”“中华技能大奖”的产业工人每人2万~10万元的一次性奖励。2021年，对30名获得“甘肃省技术能手”的产业工人分别给予每人2万元的一次性奖励。一线工人潘从明当选甘肃省第二批拔尖领军人才，柴国梁入选2021年甘肃省领军人才、享受政府特殊津贴。四是建立劳务用工准入制度，实施准入必培训的工作措施，有效提高了劳务人员的安全意识和安全技能。同时，全面落实劳务用工“五统一”“四同时”管理制度，与职工同步开展技能鉴定、先进评选等，为劳务人员融入金川集团创造条件。目前，已举办劳务派遣人员入职岗前安全培训等准入培训 8 期，培训人员 1405 名。

三是提高收入待遇保障，让产业工人有幸福感。第一，持续提升一线产业工人薪酬与高技能人才待遇。设置井下津贴、高温津贴，绩效工资向一线产业工人岗位倾斜、向艰苦岗位倾斜、向技能等级高的职位倾斜，产业工人薪酬增长率连续 3 年超过 13%，增长幅度超过全员平均数。对技师及以上技能等级的产业工人每月分别给予 500 元、1000 元和 2000 元的高技能人才津贴。第二，持续加强维权保障工作。建立厂务公开四级网络，建立每季度征集职工代表提案建议答复落实机制，引导职工知厂情、明厂事、议厂政。强化安全生产和职业健康观念，2017 年以来安全生产费用 12 亿元，投资 2.5 亿元用于改善产业工人的作业环境，2020 年支付人身保险费用 921.13 万元。全面提高产业工人福利待遇，2020 年投入福利费用 1.86 亿元。深入实施职工健康工程，2017 年以来开展体检 80749 人次，举办健康讲座 830 场次。为在岗职工购买了“百万保障”补充医疗保险，将职工大病帮扶金额最高提升至 100 万元。为 236 个艰苦岗位班组配发“健康包”310 个，生产现场全部安装“即热式电热水龙头”。第三，积极完善人力资源开发平台、职工技术创新交易平台、网络学习平台，使用“钉钉”等各类应用程序，方便产业工人学习交流和工作。充分运用“金川云社区”等新媒体平台，打通产业工人表达诉求通道。截至目前，“云社区”累计访问量达 452 万次，2.43 万人次使用。

三、构建素质提升工作体系，产业工人素质得到新提高

一是深化职业教育培训工作，在培训中提素赋能。公司制定下发了《金川集团股份有限公司产业工人素质提升规划（2020—2021 年）》，坚持“入厂即入学，入学即入职”的职业教育培训理念，坚持岗位技能需求就是职业教育培训重点的原则，不断完善产业工人技能评价制度和公司、厂矿、车间三级培训

制度，科学制订各层级培训计划，强化校企合作与网络课程开发，积极推进实训基地建设，完善工作流程，构建了在岗、在线、在校培训和外出研修、与高职院校协同的职业教育培训体系，为产业工人提素赋能创造条件。第一，丰富培训渠道。举办“产业工人队伍综合技能素质提升”专项培训班 8 期，有针对性地提升技能素质。推进“企业新型学徒制”，组织 150 人参加“新型学徒制”培养试点。编制 129 个工种的技能鉴定题库，录制和播出适合产业工人学习的网络直播课程 180 个课时，公司集中培训产业工人 21200 人次，实施网络安全教育和在线课程培训 26000 人次，为产业工人学习技术提供了便利条件。第二，加强校企协同合作。与兰州资源环境职业技术学院合作开展学历教育和培养工作。招录该院学生 50 余名，选拔 80 名工人开展学历教育，促进产教融合发展。第三，加强岗位练兵。坚持在“在日常工作中练兵，在实干中提高”的岗位练兵工作思路，采取导师带徒、“每日一题”“每周一课”“滚动练兵”、团队对抗赛等群众性日常训练形式，鼓励产业工人干学结合、学练结合、练比结合，全面提升职工技能素质水平。龙首矿实施岗位能手“一带一”新技术应用教学，制定导师带徒规划，细化阶段成果检验标准，对无人驾驶电机车、可视化数据集成新技术开展实践练兵，提升了矿山产业工人对新技术的应用实践能力。镍冶炼厂开发了在线学习 App，坚持每日一题、每周总结、每月考试、每季奖励，调动产业工人学习的积极性和主动性。铜业公司实施新招录员工巡回培养制度，每 4 个月调换一个工艺系统，人才成长与产业发展相互促进；推行国学“1+10+1”学习研讨机制，配发传统文化书籍 485 本，不断提升职工的文化道德素养水平。矿山工程分公司针对海外紧缺工种，采取每带出一名徒弟，奖励 1000 ~ 2000 美元的办法，鼓励导师带徒。

二是深化劳动竞赛工作，在实践中增强本领。公司将劳动竞赛作为动员产业工人建功立业、提升素质的有效途径，通过制定劳动竞赛方案、分解竞赛指标、逐级签订竞赛协议、加大考评力度等措施，使竞赛管理有章可循、竞赛目标人人知晓、行政部门参与管理。“十三五”期间，开展公司级、厂（矿）级和车间级三级劳动竞赛 766 项，其中公司级重点劳动竞赛 155 项，二级单位劳动竞赛 611 项，一线职工 7.5 万人次参与其中，参赛覆盖率达 95%，产业工人在竞赛过程中增强了进取意识。

三是深化技能竞赛工作，在竞技中增长技能。公司以开展技能培训、技术比武活动为抓手，构建了“培训、比赛、奖励、晋级”四位一体的技能竞赛工作体系，激励广大产业工人在技能竞赛中强化学技练艺意识、提高技能水平。“十三五”期间，公司先后开展省级、公司级、厂矿级比赛涉及工种 489 个，6 万余人次参赛。通过职工技能比赛活动，533 名职工晋升相应职业技术等级，7 名职工获“甘肃省五一劳动奖章”，123 名职工获“甘肃省技术能手”称号，281 名职工获“甘肃省技术标兵”称号。

四是深化职工技术创新工作，在实践中提升创新能力。公司坚持践行“人人参与创新、时时都在创新、处处体现创新”的职工创新理念，构建了创新成果征集、评审、奖励和推广评价的职工技术创新工作体系，形成了“搭平台、建机制、加动力”的创新工作格局。公司设立 1000 万元奖励基金，每年投入 300 余万元用于奖励职工技术创新成果。“十三五”期间，公司共获得国家科技进步奖 4 项，省部级科技进步奖 65 项。其中，一线工人获国家科技进步奖 1 项、省部级科技进步奖 12 项。公司万人发明专利拥有量达到 91 件，远高于甘肃省 6.5 件的水平，是有色行业唯一的知识产权示范企业。一线工人申请专利 1156 项，占公司申报专利数的 58.44%。公司涌现职工技术创新成果 11684 项，先进操作法 887 项，合理化建议 20461 条，创造经济价值 14.6 亿元。一线工人参与公司科研攻关达到了 48%。

五是深化思想政治、职业道德和科学文化教育工作，在学习中提升综合能力。深入开展理想信念教育，广泛开展“中国梦·劳动美”主题教育和爱国主义、集体主义教育，深入推进职业道德、社会公德、家庭美德和个人品德教育，积极倡导群众性精神文明创建活动，认真培育和践行社会主义核心价值观。着力提高产业工人科学文化素质，深入开展“争当学习型职工”读书活动，充分发挥职工书屋、电子书屋和手机书屋的作用，采取联合办校等形式组织开展学历教育，鼓励产业工人参加业余进修、继续教育、网络学习，不断提高产业工人的学习能力和科学文化素质水平。使产业工人队伍理想信念更加坚定，团结奋斗的共同思想基础更加巩固，思想道德素质与职业精神更加牢固，科学文化素质与文明素养明显进步，人均受教育年限达到 13.75 年，比 2017 年的 12.98 年提高了 0.77 年，大专以上学历职工达到 44.9%。公司产业工人获全国、省、市道德模范和“中国好人榜”“全国最美职工”“最美金昌人”等荣誉 27 人次。

四、下一步的工作

今后，金川集团要进一步增强责任感、使命感、紧迫感，以改革的精神继续解放思想，从建制度、建机制入手，真抓实干，进一步贯彻中央办公厅、国务院办公厅印发的《关于加强和改进新时代产业工人队伍思想政治工作的意见》，加强群众性主题宣传教育活动，夯实产业工人听党话、感党恩、跟党走的思想基础。进一步扩大劳动竞赛覆盖领域，深化群众性创新活动，加强劳模和工匠工作室创建，引导广大产业工人在公司高质量发展进程中贡献力量。创新企业群众性经济技术活动方式和途径，把素质提升做实做细，以各种途径增强产业工人的自豪感和荣誉感。

2021年9月，中国国际工程咨询公司到金川集团调研新时代产业工人队伍建设改革工作

创新工作室领衔人为新员工传授设备操作维护技艺

铜冶炼生产现场

一线职工在现场进行创新研讨

落实“三个强化” 实施“四大举措”
着力打造新时代高素质产业工人队伍

江西铜业股份有限公司

江西铜业股份有限公司（以下简称“江铜”）成立于1979年，是中国有色金属行业特大型集团公司，是目前全球最大的铜生产企业之一，阴极铜产能位居世界第二、中国第一，中国铜行业和江西省首家世界500强企业。江铜在铜以及相关有色金属领域，拥有集勘探、采矿、选矿、冶炼、加工于一体的完整产业链。公司自2013年首次登陆世界企业500强榜单以来，已连续9年上榜，2021年位居世界第225名。截至2020年末，公司有员工23920人，其中技能人才15836人，占比66%，专业技术人才6149人，占比26%。

自2020年4月被确定为江西省新时代产业工人队伍建设改革全面试点单位以来，江铜认真贯彻落实党中央、国务院以及江西省委省政府关于产业工人队伍建设改革的决策部署，主动扛起试点责任，结合企业实际，强化党建引领，积极探索实践，聚焦重点突破，打造特色品牌，取得明显成效，一支高素质的产业工人队伍正在茁壮成长，推进了企业高质量发展。

一、坚持党建引领，落实“三个强化”，确保产改任务落实落地

近年来，江铜党委以提高党的建设质量为目标，创造性地建立了以“一纲

要、两系统、一平台、一手册”为主要内容的新时代江铜大党建体系，形成了江铜大党建工作格局，以高质量党建引领企业高质量发展，推动产改工作落实落地、走深走实。

一是强化组织领导，形成“一盘棋”。公司成立了由党委书记、董事长、总经理任组长，党委副书记、工会主席和分管人力资源的副总经理任副组长，公司工会、人力资源部、党委办公室、党委组织部、党委宣传部、科技部、安全环保部等部门负责人为成员的推进产业工人队伍建设改革领导小组，负责公司产业工人队伍建设改革的宏观指导、顶层设计、组织推进和督促检查工作。领导小组下设办公室，负责改革推进过程中的沟通协调、督查督办、信息报送、意见收集、工作总结等具体工作。构建了党委统一领导、工会牵头抓总、部门协同配合、基层积极参与的工作格局。

二是强化顶层设计，绘就“一幅图”。领导小组认真学习领会习近平总书记和党中央、国务院以及江西省委省政府关于产业工人队伍建设改革的重要指示精神，结合实际，从破解影响产业工人队伍建设的突出问题入手，起草了《江铜新时代产业工人队伍建设改革试点工作实施方案》，在征得省改革协调小组办公室同意，并经公司党委会研究审定后行文下发，正式拉开了试点工作的序幕。

三是强化方案执行，贯通“一张网”。《江铜新时代产业工人队伍建设改革试点工作实施方案》下发后，领导小组多次组织召开工作推进协调会，统筹推进各项任务落实。公司总部各部门以公司开展的“制度建设年”活动为契机，紧紧围绕产业工人队伍建设改革的目标任务，将改革事项设为制度、形成机制。共修订完善和制定出台涉及产改制度10余项，内容包括思想政治工作、党建工作、全心全意依靠职工办企业、员工职位体系管理、技能人才自主培养与评价、绩效管理、创新创效奖励、标杆班组评比等。各参与单位的党政组织将产业工人队伍改革列入重要议事日程，结合实际，认真落实文件精神，细化工作措施，加强协同配合，确保改革顺利推进。

二、聚焦重点突破，实施“四大举措”，提升产业工人“四大感受”

围绕造就一支知识型、技能型、创新型产业工人队伍的目标，按照“政治上保证、制度上落实、素质上提高、权益上维护”的总体思路，江铜坚持以问题为导向，聚焦重点突破，在强基础、搭平台、拓通道、建机制等方面实施“四大举措”，着力提升产业工人的认同感、获得感、成就感和归属感。

举措一：加强三个建设，让产业工人在思想政治上有认同感。

加强思想政治建设。坚持以习近平新时代中国特色社会主义思想为指导，制定出台了《江铜加强和改进新时代产业工人队伍思想政治工作的实施方案》。以践行社会主义核心价值观为统领，以推进“新时代文明实践中心”试点为抓手，以“江西铜业”学习强国号、江铜党建信息化平台、“江西铜业E家亲”企业号为载体，以党史学习教育为契机，大力开展内容丰富、形式多样的理论学习宣讲和主题教育实践活动，不断增强产业工人听党话、感党恩、跟党走的思想自觉性和行动自觉；积极开展劳模先进宣讲活动，着力打造“江铜因你而精彩”宣传品牌，加大对产业工人先进典型的宣传力度，大力弘扬劳模精神、劳动精神、工匠精神，引导职工学有榜样、赶有目标，立足岗位争先创优。2020年至2021年，通过各种形式和载体宣传各类先进典型近百人，营造了尊重劳动、崇尚技能、鼓励创造的良好氛围。

加强基层组织建设。坚持党组织设置全覆盖，切实做到企业发展到哪里，党组织同步建设到哪里。注重发挥党组织的示范引领作用和党员的先锋模范作用，做到生产经营的重点在哪里，改革发展的难点在哪里，党组织就在哪里发力，党员就在哪里作为。“党员示范岗”“党员突击队”“党员安全责任区”“现场技术党课”“职位体系党员联点心连心”等一系列基层党组织特色活动，让越来越多的优秀产业工人党员率先示范担重任、强作为、勇创新，工人阶级的先进性不断彰显。

加强企业文化建设。充分发挥社会主义核心价值观与企业核心价值观的引领和凝聚作用，出台《江铜集团事业宣言》，明确企业的使命愿景、精神追求、价值理念和行为主张，并通过企业文化故事会、企业文化建设创新项目评审、企业子文化建设及跨文化管理等平台和活动，推进价值理念不断内化于心、外化于行，逐步形成江铜人特有的精神内核和文化特质，融入职工血脉中，成为一种情怀，最大限度地将广大职工凝聚团结在新时代江铜事业的旗帜下。

举措二：打造三个平台，让产业工人在技能提升上有获得感。

打造学习培训平台。探索建立江铜“网上练兵”系统，通过多种寓教于乐的学习形式，增强学习的趣味性，吸引职工学习专业知识和业务技能。2020年，共有4000余名职工参加了12个上线工种（专业）的“网上练兵”闯关答题活动，答题10余万次，7万余人次观看了“工匠课堂”、创新成果展示，在全公司形成了浓厚的“比、学、赶、超”氛围。在产业工人比较集中的德兴铜矿、贵溪冶炼厂、武山铜矿、银山矿业等单位建立了技能训练中心，为职工业余时间学技术、练技能创造了良好条件。

打造技能竞赛平台。以打造江铜奥林匹克技能比赛为重点，进一步完善了“培训—练兵—竞赛—晋级—激励”五位一体的劳动技能竞赛机制，将技能竞赛打造成职工技术交流大舞台、技能提升大平台、人才辈出大擂台。江铜奥赛自1995年启动以来，已连续举办23年，累计参赛达5万余人次。以“江铜奥林匹克技能比赛”为起点，通过参加各层级的技能竞赛，涌现出了一大批身怀绝技的能工巧匠，3人荣获“全国五一劳动奖章”，20人荣获“全国技术能手”称号，27人荣获“全国有色金属行业、全国黄金行业技术能手”称号，9人荣获“江西省五一劳动奖章”，2人荣获“赣鄱工匠”称号，234人荣获“江西省技术能手”称号，498人次直接晋升为技师或高级技师。

打造创新创效平台。建立完善以劳模（工匠）创新工作室、科研项目攻关、讲理想比贡献、自主管理、合理化建议、QC活动、青年创新创效、先进操作法等为平台的产业工人创新体系，为产业工人创新创效提供了多种渠道。

2020年，共开展科研攻关100余项；各级劳模（工匠）创新工作室实施技术创新126项；各单位发布自主管理（“五小”）成果1877项；征集“强管理、降成本、促发展”合理化建议2369条，评出“金点子”100个；“夏小钦颚式破碎机静齿板快速更换法”等4种操作法被命名为公司先进操作法。一年来，各层级、各平台累计创效8.78亿元。

举措三：拓展三个通道，让产业工人在职业发展上有成就感。

拓展职业晋升通道。制定下发《员工职位体系管理办法》，全面推行“3416”员工职位体系，设置了管理、职能、技术和技能四个序列通道，从最低层级到首席层级共包括十六级职业发展职级，通过实施职业积分、职称技能等级和年度考核排名三种条件晋升，让员工通过自身努力，都能找到自己的发展通道和职级，打破了员工尤其是产业工人职业成长的“天花板”，“长家分离”工作取得历史性突破。截至2021年8月初，贵溪冶炼厂、城门山铜矿、材料设备公司、德兴铜矿、公司机关、武山铜矿、银山矿业7家单位完成了员工职位升降级调整，5454名员工中共有920人升级，200人降级。

拓展技能评价通道。2020年，江铜成为江西省首批职业技能等级认定试点单位。重新修订了职业技能等级评价标准，制定了江铜开展职业技能等级认定工作的方案，聚焦题库开发、考评队伍培养、理论授课、实操培训及考试等环节，锁定业绩评审、理论、实操、论文答辩四个方面，建立起一套完整的江铜技能人才自主培养与评价体系，拓展了产业工人追求职业发展的新空间。同时，在贵冶、德铜、武铜等生产一线单位推行首席技师制度，提高技能人才的待遇。2020年共有9家单位、1469人报名参加技能人才自主培养与评价，申报人数比2019年增长为了79%，1061人通过评价，其中高级技师65人、技师113人、高级工762人、中级工104人、初级工17人。

拓展创新激励通道。公司制定下发了《江西铜业集团有限公司科技开发管理办法》《江西铜业集团有限公司创新创效奖励管理办法》《江西铜业集团有限公司促进科技成果转化管理办法》等一系列文件制度，建立了创新成果按要素参与分配机制，完善了产业工人分享科技成果转化收益的制度体系。2020年，共有237项创新创效成果、50项科技成果转化项目获得表彰奖励，发放奖金2900余万元。

举措四：健全三个机制，让产业工人在权益维护上有归属感。

健全政治激励机制。建立完善产业工人参与基层党建、民主管理、公司治理的制度。制定出台《江铜党委2020—2024年发展党员规划》《江铜基层党支部建设指导意见》，有序推进解决一批“党员空白”班组问题，提高了产业工人在一线党支部支委的任职比例。加大产业工人参与企业民主管理力度，将一线职工在职工（会员）代表大会代表中的比例从50%提高至60%。坚持和完善职工董事、职工监事制度，鼓励产业工人代表有序参与公司治理。

健全权益保障机制。坚持落实平等协商集体合同制度，完成了《2020—2022年集体合同》的起草和签订，把提高产业工人的工资待遇、落实企业教育培训经费等纳入集体协商签订集体合同的重点内容。深化产业工人工资分配制度改革，将“岗位绩效工资制度”逐步过渡为“岗能绩效工资制度”，适当加大岗位技能在绩效考核中的权重，体现绩效工资分配向技能等级高的岗位倾斜，仅技能工人的年度职位津贴这一项，最高可达到全公司员工年均工资的1.5倍，构建了一套科学完善的对内具有公平性、对外具备一定市场竞争力的产业工人工资正常增长机制。在新冠肺炎疫情防控形势严峻的2020年，员工工资依然保持了3.04%的增长。加强安全生产、职业健康和劳动保护工作，提升产业工人的健康水平。建立职工补充医疗保险，构建职业健康管理体系，建立健全职业卫生档案和劳动者健康监护档案。定期组织职工进行健康体检，2020年有2万余人次参加了体检。

健全帮扶服务机制。结合江西省总工会相关文件精神，修订完善了公司帮扶送温暖系列办法，进一步巩固提升了困难帮扶、互助保障、大病补助和职工福利相互衔接、层次清晰、各有侧重的困难职工帮扶服务机制。2020—2021年“两节”期间，公司及所属单位共走访慰问困难职工、劳动模范2009

人次，发放困难补助和慰问金 239.9 万元；职工医疗互助会发放补助、慰问金 195.52 万元。2020 年，出资 109 万元资助职工参加互助保障计划，给付保障金、慰问金 225.19 万元，受益职工 399 人次。坚持“小型、多样、业余、自主”原则，加强职工文体协会和文体骨干队伍建设，广泛开展丰富多彩的文体活动，满足职工对美好生活的需求。2020 年，开展公司级体育赛事 17 项，二级单位举办各类文体活动 120 场，吸引 17033 人次参与。

弧光闪出“女状元”

技术大讲台

矿工风采

职工技能训练中心

政治引领　岗位建功
打造一支听党话、跟党走的产业工人队伍

中国铝业集团有限公司

中国铝业集团有限公司（以下简称“中铝”）是国务院国资委管理的国有重要骨干企业，是国有资本投资公司试点改革企业、全球最大的有色金属企业，连续14年入选世界企业500强。截至2020年底，集团共有在岗职工14.06万人，有基层工会（分会）708个。近年来，中铝认真学习贯彻习近平新时代中国特色社会主义思想、党的十九大及十九届历次全会精神和全国人才工作会议精神，深入学习贯彻习近平总书记关于工人阶级和工会工作的重要论述，围绕“努力打造一支听党话、跟党走，符合中铝改革发展需要的高素质产业工人队伍”目标，坚持政治引领，坚持“比、学、赶、超”，坚持提升素质，集团产业工人队伍建设取得实效。

一、强化思想政治引领，加强和改进产业工人队伍思想政治建设

习近平总书记强调：“引导职工群众听党话、跟党走，巩固党执政的阶级基础和群众基础，是工会组织的政治责任。”集团坚持把贯彻习近平新时代中国特色社会主义思想作为抓好高素质产业工人队伍建设的重要前提，在思想政治引领上下功夫。

一是强化政治建设。注重把政治建设摆在首位，把习近平总书记重要讲话和指示批示精神、国务院关于新时期产业工人队伍建设改革的一系列决策部署、集团党组工作安排等贯穿工作全过程，制定《中共中国铝业集团有限公司党组关于加强产业工人队伍建设的实施意见》，出台《中共中国铝业集团有限公司党组关于加强和改进产业工人队伍思想政治工作的实施办法》，每季度开展职工思想调研，及时解决职工关注的热点、难点问题。用好互联网新媒体平台，以宣讲、座谈等方式，广泛宣传党对产业工人的关怀，宣传集团对一线职工的关爱，汇聚产业工人坚定不移听党话、跟党走的强大力量。

二是弘扬劳模精神。认真贯彻习近平总书记在全国劳动模范和先进工作者表彰大会上的讲话精神。修订《中国铝业集团有限公司劳模和先进集体评选表彰管理办法》，明确劳动模范的政治和经济待遇。创建劳模工作室，打造劳模大道、荣誉墙，录制展播劳模事迹宣传片，组建劳模宣讲团深入基层宣讲200余场次。多次组织劳模先进登天安门、观鸟巢，以物质奖励和具有“仪式感”的形式激发优秀产业工人的积极性，提升荣誉感。集团打造“中铝工匠”品牌，总结提炼先进人物的核心精神，通过职工易于接受的传播方式，讲好劳模工匠故事，使劳动光荣、技能宝贵、创造伟大成为企业的主流价值观。

三是深化民主管理。不断完善以职工代表大会为基本形式的厂务公开民主管理制度，切实保障职工群众的知情权、参与权、表达权和监督权，涉及职工切身利益的改革方案必须经职工代表大会审议通过。扩大产业工人在工会会员代表和职代会职工代表中的比例，推动企业选举全国劳动模范兼任工会副主席，吸收优秀产业工人以挂职、兼职等方式进入群团组织领导班子。依法落实职工董事、职工监事制度，鼓励职工有序参与公司治理。积极推荐优秀产业工人成为地方各级人民代表大会代表、政协委员以及党群组织代表大会代表和委员会委员。

二、搭好立功建功平台，积极培养高技能产业工人队伍

习近平总书记指出："技术工人队伍是支撑中国制造、中国创造的重要基础，对推动经济高质量发展具有重要作用。"集团将培养更多高技能人才和大国工匠作为使命，运用集团党建与业务双向融合的有效经验，坚持"比、学、赶、超"，做到缺什么就练什么、赛什么，搭好产业工人队伍岗位建功平台。

一是搭好劳动竞赛平台。做优"工会搭台、专业管理、群众唱戏"的中铝劳动竞赛管理模式，工会搭好竞赛平台，落实好表彰激励政策；业务部门发挥专业协同力量，抓好数据分析、专家会诊和蹲点服务；生产一线单位把竞赛指标分解细化，产业工人广泛参与。每年开展多个专项劳动竞赛，覆盖集团6000多个班组，10万余名员工。持续开展电解铝、氧化铝、铝加工、矿山、电厂等15个指标的专项劳动竞赛和"安全、干净"班组竞赛，建设美丽班组、美丽车间、美丽工厂。每年近12万人次参加安全生产培训，10万人次参加各级各类"安康杯"竞赛。通过竞赛，产品质量和生产指标大幅优化，职工自主安全意识和环境素养水平不断提升。

二是搭好技能竞赛平台。打造"以国家赛为龙头、以行业赛为主体、以企业赛为支撑"的中铝技能竞赛体系。每年投入近千万元组织技能竞赛，覆盖4万多名员工。连续举办十三届"中国铝业杯"国家级竞赛，十六届"中铝工匠赛"，每年展示工匠绝技绝活50余个，扎实开展"中国铜业杯""中铝物流杯"等行业级竞赛。在中国机械冶金建材工会的大力支持下，技能竞赛成为产业工人破格晋升技能等级的绿色通道，中铝获国家级奖励的技能人才数量在全行业处于前列，涌现出国家级技能大师工作室3个、中华技能大奖获得者9人、"全国劳动模范"23人、"全国五一劳动奖章"获得者40余人、"全国技术能手"100余人。103人获省级以上技术能手称号，12名员工分获有色金属行业技能大奖和行业技术能手称号，以员工个人的名字命名操作法、工器具62个。

三是搭好创新创效平台。构建“建平台、抓重点、强品牌”的中铝员工创新创效体系。紧紧围绕“全球有色金属产业的排头兵，国家战略性矿产资源和军工材料保障的主力军，行业创新和绿色发展的引领者”的定位，完善科技激励机制，落实研发投入，加强平台建设，培育高水平创新团队。各级党工团组织主动作为，深入开展“两带两创”“双提升”“创新论坛”“中铝国际杯”创新创意大赛、“五小”成果发布等活动。目前，全集团共开展“两带两创”项目 6000 多个，建成创新工作室 300 多个，征集员工合理化建议 6000 多项，一线员工申报专利 400 多项，职工经济技术创新活动推动创效 3.7 亿元。东轻公司“大运机翼壁板研制”项目从 4000 多个项目中脱颖而出，获中央企业青年创新奖金奖，在产业工人中形成了“聚焦发展抓创新、融入中心抓创效”的鲜明导向。

三、畅通职业发展通道，为产业工人成长提供发展空间

习近平总书记指出：“我们要始终高度重视提高劳动者素质，培养宏大的高素质劳动者大军。”集团通过开展专业化培训，推行“五级技师”制度，用好激励分配等一系列举措，为产业工人成长提供更系统、更广阔的发展空间。

一是开展专业化培训。按照“1+N”的模式，加强集团级培训基地和内部专业化培训基地建设，组建了中铝大学及其 6 家分校，建立了铝（铜）加工培训基地，分别承担氧化铝、电解铝、铝铜加工、能源电力、铜冶炼及矿山等业务领域的培训课程开发、教材编制、师资培养及职工教育培训工作，职工教育培训平台逐步完善，脱产学习、自主学习、网络学习、专业化学习兼容互补的职工培训体系逐渐形成。建立内部讲师和内培师制度，开发适用于集团业务的专业培训教材 100 余套。与清华大学合作，把集团专有课程改造成网络课程，利用中央企业班组长岗位管理能力认证在线培训系统，对 3000 余名班组长开展为期 1 年的岗位管理能力和安全环保质量管理能力网络培训，用 3 年时间完成班组长轮训。

二是推行五级技师制度。落实《关于提高技术工人待遇的意见》，制定《关于建立并推进“五级技师”制度的指导意见》，将技师等级序列从高到低依次设计为首席、特级、一级、二级、三级技师，明确各级技师的岗位设置、任职资格、考核标准、薪酬激励并进行动态管理，打造一支年龄、学历、水平合理稳定的技能人才队伍，实现技术工人技能逐级有序提升和破格聘任，保持职业发展通道顺畅。各级技师在聘任期间，薪酬待遇在所在企业薪酬标准基础上，增设技师津贴和特殊贡献奖励。技师津贴根据技能等级每月达 400 ~ 2000 元，特殊贡献奖励主要根据“五级技师”通过技术、工艺革新（改造）或实施相关技术成果转化与固化等对企业作出的贡献，给予一次性奖励。2020 年底，累计聘任“五级技师”6934 人，其中首席技师 42 人，特级技师 130 人，一级技师 1153 人，二级技师 2295 人，三级技师 3314 人。为有真才实学的产业工人脱颖而出、建功立业，打造了良好平台。

三是用好激励分配指挥棒。坚持工资总额分配向骨干，特别是生产一线高技能产业工人倾斜的原则，制定了工资总额分配向骨干倾斜激励政策，按照职工总数 20% 的比例，确定关键岗位、核定骨干员工、实施动态考核激励，每年单列激励工资总额预算，确保精准激励。截至 2020 年底，累计激励骨干员工 9.55 万人次，安排单列工资总额预算 8.14 亿元。通过激励分配“指挥棒”，让产业工人的工资收入更多体现“技能含金量”，大力营造爱岗敬业、苦练技术、提升技能、岗位建功的氛围，打造了 40 个集团级技能大师工作室，高技能人才占技术工人比例提升至 35%，享受国务院政府特殊津贴高技能人才 6 人。

“全国劳动模范”王建伟

“中国铝业杯”第十四届全国有色金属行业职业技能竞赛

“中华技能大奖”获得者杨红雷传授焊接技术

第十六届“中铝工匠赛”启动仪式

绘就新时代产业工人发展之路
赋能企业高质量发展

有研科技集团有限公司

有研科技集团有限公司（以下简称“有研集团”），即原北京有色金属研究总院，成立于1952年，是中国有色金属行业综合实力雄厚的研究开发和高新技术产业培育机构。有研集团以工程技术创新为主体，拥有22个国家级创新平台。集团现有在职职工4000余人，其中院士4名，国家级高级专家120余名，正高级工程师和高级工程师近700名，一线产业工人1900余人，其中高级工及以上的高技能人才260余人。

《新时期产业工人队伍建设改革方案》出台以来，在全国总工会的指导下，有研集团坚决贯彻执行党中央的决策部署，扎实推进产业工人队伍建设，结合企业实际，充分依靠工会组织，积极探索知识密集型高科技企业产业工人队伍建设的新路径、新举措，从思想引领、机制创新、载体创建、组织保障多个维度发力，构筑产业工人发展高地，赋能企业高质量发展，取得了显著成效。

一、强化顶层设计，把好产业工人队伍建设“方向盘”

有研集团党委加强顶层设计研究，先后召开第十次党代会、科技创新大会、党委人才工作会，结合集团产业工人队伍的特点以及实施创新驱动高质量发展战略对产业工人的需求，为推进产业工人队伍建设改革工作提供了制度依据。集团工会按照“政治上保证、制度上落实、素质上提高、权益上维护”的总体思路，充分落实集团“三会”精神，从思想引领、机制创新、载体创建、组织保障四个方面探索形成产业工人由“工”到“匠”的四条路径，创造性地构建了推进产业工人队伍建设改革的实践模型和整体框架。

通过上述模型的构建，清晰勾勒出有研集团产业工人队伍建设改革的整体框架，为实践创新指明了路在何方。

二、聚焦四条实践路径，绘就产业工人发展之路

（一）着力于“领”，加强和改进产业工人队伍思想政治建设

一是突出产业工人思想政治引领。以开展党史学习教育为契机，加强产业工人理想信念教育。把“学党史、悟思想”同回顾集团发展史结合起来，系统梳理 70 年来集团在各领域的历史贡献，邀请集团老专家、技术工人讲述攻关 64 种有色金属元素背后的故事，用身边人、身边事引导集团产业工人继承和发扬“有研”精神，增强产业工人的职业自豪感和对企业的认同感。

强化职业精神和职业素养教育。集团先后组织“全国工人先锋号”单位参加“讲工匠故事、展劳模风采”主题活动，组织集团两位“全国技术能手”开展宣讲活动，连续三年组织全集团广大产业工人认真收看“工匠直播月”节目，大力弘扬劳模精神、劳动精神和工匠精神，切实增强产业工人的职业自豪感。

二是强化和创新产业工人队伍党建工作。为适应新技术、新业态、新模式的发展，集团将党建工作同班组建设相融合，优先考虑由党小组长担任班组长，在班组中设立党员责任区，开展党员先锋岗、岗位标兵等评比活动，争取将班组长培养成党小组长。创新工作室由高技能人才领衔，以产业工人为主体，优先考虑吸纳产业工人中的党员和入党积极分子。持续加大在产业工人队伍中发展党员的力度，把技术能手、优秀工人吸收到党组织中来。在集团

新发展的党员中，产业工人比例从 2018 年的 12% 增加到 2021 年的 25%。同时，鼓励一线产业工人中的党员争当安全生产能手、创新创效模范、服务群众先锋。

（二）创新产业工人发展机制

一是健全完善制度，形成“4+3+N”制度体系。集团立足实际，从顶层加强对产业工人发展制度的研究，相继制定了 4 个制度文件，集团工会制定了 3 个工作实施文件，各基层单位结合实际制定了多个相关制度办法，三者逐层递进、环环相扣，形成了“4（集团）+3（集团工会）+N（基层单位）”的产业工人成长成才制度体系，为产业工人群体的全面发展指引了方向、描绘了蓝图、提供了保证。

二是创新培训交流机制。建立“内循环”培训学习机制，聘请集团示范型高技能人才创新工作室和红旗班组领衔人开展专题培训，广泛宣传推广先进经验。通过“请进来”和“走出去”的方式，加大外部培训交流力度。聘请外单位大国工匠、全国劳动模范、北京大工匠等先进典型到集团进行培训交流，帮助一线产业工人提高技能水平和业务综合能力。组织产业工人赴外单位交流调研、观摩学习。

三是创新产业工人成长机制。集团分三步走，构建产业工人自主评价三级体系：2020 年，在行业协会的大力支持下，集团成功获得有色金属行业技能鉴定资格，可面向集团产业工人开展部分工种从初级工到高级技师的技能等级鉴定；2021 年，集团积极申请备案，于年底成为北京市首批唯一可以面向有色金属行业 14 个加工类职业工种开展从初级工到高级技师 5 级技能等级资格认定的机构，为行业产业工人提供服务；2022 年，集团将继续推进产业工人自主评价机构备案工作，力争获得通用工种的技能认定资质，面向全社会产业工人提供服务。同时，集团不断优化产业工人从见习工、初级工、中级工、高级工、技师、高级技师到首席技师逐级提升的岗位级别提升路径，打破职业技能等级与专业技术职务之间的界限，完善个人学习账号和学分累计制度，推进非学历教育学习成果、职业技能等级学分转换互认，将产业工人成长成才“独木桥”转变成“立交桥”。

四是创新技能导向的激励机制。集团不断建立健全产业工人技能和创新成果按要素参与分配制度，研究创新激励方式，制定出台制度，引导各所属单位建立健全培养、考核、使用、待遇相统一的激励机制，在关键岗位、关键工序培养使用产业工人，提高相应待遇，实现多劳者多得、技高者多得。完善产业工人表彰奖项，集团各类优秀个人评选向产业工人倾斜，形成以国家表彰为导向、集团积极参与的产业工人表彰奖励制度，推动落实产业工人参与分配的权利，确保发展成果与产业工人共享。

（三）构建产业工人素质提升工作体系

一是以集团示范型高技能人才创新工作室和先进班组为载体，搭建企业级平台。2019 年以来，集团工会在全集团范围开展集团示范型高技能人才创新工作室和先进班组创建工作，在创建工作中探索形成“六步推进法”，切实将创建工作打造成工会履行职责的品牌工作，将集团示范型高技能人才创新工作室和先进班组打造成产业工人素质提升的重要平台。

二是以技能竞赛为载体，构建三级架构。以基层单位岗位劳动竞赛、技术比武为基础，以集团技能大赛为主体，深入推进重大战略、重大工程、重大项目技能竞赛，同时与行业竞赛相衔接，构建基层、集团、行业技能竞赛三级架构，为获奖的产业工人设立技能等级提升绿色通道。

三是以合理化建议活动为载体，充分发挥主人翁精神。在合理化建议活动中，根据产业工人的特点，健全奖励办法，给予即时奖励，激发广大产业工人参与活动的积极性和主动性，充分发挥产业工人一线创新创效主力军的作用。

四是以群众性创新创效活动为载体，强化成果推广运用。积极开展先进操作法总结及命名工作，推荐产业工人创新成果参加行业评比，推荐集团级创新工作室和先进班组参加更高级别评比，着力引导各单位组织产业工人协同攻关及成果共享，为促进产业工人创新创效提供广阔的舞台。

（四）强化产业工人队伍建设权益保障机制

一是加强法制保障，面向产业工人定期开展基础法律、安全生产和劳动保护方面的教育培训。

二是逐步加大产业工人队伍建设经费投入，对于参加教育培训并获得职业资格证书或技能等级证书的产业工人，给予一定的培训费补贴。

三是不断深化产业工人队伍建设理论政策研究，由集团工会牵头，组成政策研究小组，加强对产业工人问题的理论研究，形成研究性论文。

四是集团工会积极发挥作用，研究制定民主管理、集体协商等方面的制度，修订集团职代会管理办法，保证职工代表中一线产业工人的比例，保障产业工人与各单位平等协商的权利，推进和谐劳动关系建设。

五是加大对产业工人的宣传力度，集团工会每季度通过电子版《工会简报》积极宣传产业工人先进典型，展现产业工人的风采。

六是组织产业工人开展交流，在全集团范围营造尊重劳动、崇尚技能、鼓励创造的浓厚氛围。

三、由“工”到“匠”成效初显，赋能企业高质量发展

经过探索实践，有研集团已经基本实现了产业工人素质的普遍提升，闯出了一条推动产业工人由“工”到“匠”的实践探索之路。

（一）产业工人发展路径更加开阔

通过总结梳理，在基层、集团、行业、省部、国家五个层级，技能等级、专业技能、综合技能、综合素质、荣誉、奖项六个方面探索形成“五横六纵”产业工人发展工作体系，产业工人发展路径由原先的“独木桥”演变成“立交桥”，路径更加开阔。

（二）产业工人发挥作用更加明显

通过一系列实践举措，集团产业工人推动企业产业优化升级的支撑作用越发明显。2019 年以来，集团一家所属产业公司成功上市，部分军工项目的加

工环节由委外代工实现自主加工，各单位产品质量稳定性、一次合格率、及时交付率大幅度提升，工业总产值连续三年增幅超过15%。一批产业工人创新成果开始在行业崭露头角，2021年，集团产业工人创新成果获行业特等奖1项，二等奖3项，三等奖4项。产业工人领衔研制的2项创新成果填补了国内此领域的空白，产业工人参与发表论文10篇，参与申请专利32项，其中以第一作者申请专利7项，为集团创新驱动高质量发展作出实际贡献。

（三）产业工人获得感更加显著

一大批产业工人的技能等级得到提升，技能等级提升人数2020年是2019年的5倍。产业工人先进集体和优秀个人不断涌现，三年来，5个集体获国家级荣誉，包括2个"全国工人先锋号"、1个"全国巾帼文明岗"、1个"全国青年文明号"、1个"全国优秀质量管理小组"，6个集体获省部级荣誉，2人获得"全国技术能手"称号，63人次获省部级奖励或荣誉。

改革只有进行时，没有完成时。有研集团将持续研究、探索、拓展知识密集型高科技企业的产业工人成长体系、路径，成就更多的工匠型人才，加快建设一支知识型、技能型、创新型产业工人队伍，为实现中华民族伟大复兴的中国梦贡献"有研力量"！

有研集团红旗班组党建活动

有研集团红旗班组通过“内循环”方式开展培训

有研集团示范性高技能人才创新工作室组织技术攻关

政治引领　岗位带动
为企业高质量发展培育人才提供保证

白银有色集团股份有限公司

白银有色集团股份有限公司（以下简称“白银集团”）共有14827名职工，其中产业工人9281人，占职工总数的64.5%。产业工人中有技能人才4096人，占产业工人总数的44%，其中高级技师223人，技师863人，高级工2304人，中级工523人，初级工183人。近年来，白银集团以习近平新时代中国特色社会主义思想为指导，按照党中央、省、市关于产改工作的总体安排部署，结合白银集团生产经营及改革发展实际，通过强化思想引领、提升培育水平、健全激励机制、强化保障措施，努力将产业工人队伍建设成为一支知识型、技能型、创新型的劳动者队伍，各项工作取得了较好的成效。

一、重引领，确保产改工作落到实处

一是深入学习贯彻习近平新时代中国特色社会主义思想、党的十九大精神、习近平总书记视察甘肃时的重要讲话精神以及在劳动模范和先进工作者表彰大会上的讲话精神，学习党史、新中国史、改革开放史、社会主义发展史，特别是习近平总书记在建党一百周年庆祝大会上的讲话精神，切实用理论的力量启迪人、鼓舞人、凝聚人。二是通过举办“中国梦·劳动美——永远跟党

走　奋进新征程”庆祝“五一”国际劳动节暨“白银工匠”颁奖晚会、“铭记初心使命、筑梦铜城白银”白银集团党的建设发展史展览和“初心如磐”“红色陇原”“复兴之路”党史教育诵读音乐会、学习贯彻习近平总书记“七一”重要讲话精神暨党史学习教育知识竞赛等活动，引导广大产业工人不断增强感党恩、听党话、跟党走的决心和信心。三是成立由集团公司主要领导和主要职能部室组成的工作领导组织体系，对集团公司产改工作的具体任务和措施做了进一步的细化和分工，责任落实到各个部门，并将产改工作纳入集团公司日常工作进行考核，切实加强了对产改工作的组织领导。

二、抓培育，提升产业工人技能素质水平

一是强化师资培训，提高产改工作培育水平。制定印发《内部培训师管理办法》，通过公开选聘、评价考核、晋升激励等有效手段，激发人才知识传承动力，促进知识共享。在2020年7月选聘241名优秀人才作为集团公司内部培训师的基础上，2021年6月又补选了81名不同专业领域的人才加入内训师队伍。

二是强化内训，提升产业工人技能水平。2020年9月，公司专门成立培训中心，对原有理论培训教室进行了改造，健全培训中心内设机构，配齐配强工作力量，推进“互联网+”多媒体培训平台建设。近一年来，对15个工种的500名职工进行脱产培训，并给予技术等级认证。同时，采用线上和线下相结合的方式，共组织开展安全生产、现场管理、班组建设、新时代西部大开发专场学习、专业技术人员继续教育、职业技能提升、内部培训师授课能力提升、基层管理人员管理能力提升、新入职员工培训等集团公司级培训项目96项，参训17200余人次。

三是强化合作，严格选人用人制度程序。开展新型学徒制培训、订单式培养。白银集团与高职院校建立长效合作机制，以订单式培养、新型学徒制培训等为主要模式进行深度合作。2020—2021年，白银集团共招聘903名产业工

人，在招聘过程中，集团公司秉承德才兼备、以德为先的理念，严格把关，精挑细选，综合考虑年龄结构、岗位需求、学历层次、男女比例等因素，通过社会招聘、院校招聘、订单式培养、复转军人安置等多种方式，报名、审核、笔试、面试、体检等环节层层把关，公平、公正、公开招聘产业工人，不断优化年龄结构，提高学历层次，平衡男女比例，壮大员工队伍。

四是强化创争，搭建产改队伍成长平台。持续推进学习型班组建设，通过导师带徒、岗位练兵、技术比武、建言献策、金点子征集、立项攻关、技能带头人选拔培养等方式，充分发挥技能大师、劳模标兵等高技能领军人才的引领示范作用，以“技能大师工作室”“劳模创新工作室”等为主要阵地，以项目建设为支撑，按照矩阵式、契约化管理模式，选拔高技能人才参与科技研发和技术改造项目。目前，建成全国示范性劳模创新工作室 1 个，省级劳模创新工作室 4 个，市级劳模创新工作室 5 个，集团公司级劳模创新工作室 19 个，劳模创新工作室基本覆盖了所有的生产型二级单位；建成国家级技能大师工作室 2 个，省级技能大师工作室 1 个，2 人获得提名“陇原工匠”荣誉称号。2021 年 4 月 23 日，西北矿冶研究院固废资源化创新团队荣获甘肃省“优秀创新型团队”称号，4 月 27 日，在中华全国总工会庆祝“五一”国际劳动节暨“建功十四五　奋进新征程”主题劳动和技能竞赛动员大会上，集团公司第三冶炼厂烧结车间技术组荣获全国“工人先锋号”荣誉称号。

五是强化带动，培养劳模工匠人才队伍。大力开展主题为“中国梦·劳动美——建功十四五　奋进新征程”的劳模工匠进企业宣讲活动，由陇原工匠、白银职业技术学院数控专业高级技师孙耀恒等 5 名劳模先进及工匠组成的宣讲团深入企业一线、班组，同广大产业工人面对面交流，谈经验、谈体会，进一步弘扬劳模精神、劳动精神、工匠精神，营造劳动光荣、知识崇高、人才宝贵、创造伟大的社会风尚。2021 年 4 月，根据集团公司《关于开展推荐评选首届“白银工匠”活动的通知》精神，通过各单位推荐、初审、专家评审组复审及现场考察等环节，经集团公司党委常委会议审定，评选出首届 10 名“白银工匠”和10名“提名白银工匠”，努力培养出一支有理想守信念、懂技术会创新、敢担当讲奉献的产业工人队伍。

三、建机制，提高产业工人收入水平

一是完善以岗位绩效工资为主体的薪酬分配制度。完善岗位绩效工资制度，在推进分配制度改革的过程中，对薪酬管理制度进行修订完善，保持制度合法合规。从纵向上与层级相对应、相匹配，设置不同的岗级，从横向上与每一岗位等级相对应、相匹配，设置若干薪级，建立起岗位薪酬晋升通道。加强对绩效考核结果的应用管理，将绩效考核结果与岗位层级等级晋升、工资兑现、培养开发、职业生涯发展等结合起来，充分发挥绩效考核的激励和约束作用。

二是建立以市场为导向的多元化薪酬激励机制。在薪酬激励的基础上，白银集团对高技能创新人才进行不同程度的选拔、培养和激励，以提升其的获得感和幸福感。2020年，集团制定出台了《“16313”人才队伍建设实施办法》，将高技能创新人才纳入重点人才范畴进行选拔培养和激励。在精神激励方面，采取多种形式大力宣传和弘扬“16313”人才矢志奉献、开拓创新的先进事迹，在全集团营造“激励驱动人才、人才驱动创新、创新驱动发展”的良好氛围；在荣誉激励方面，同等条件下优先推荐“16313”人才为党代会代表、人大代表、政协委员、各类人才工程及奖项人选；在薪酬激励方面，对入选第一、第二、第三层次的“16313”人才，聘期内每月给予津贴补助；在工作激励方面，“16313”人才在团队人员配备、设备配备、经费使用、聘用“柔性流动”人员和兼职人员方面享有一定自主权；在服务保障方面，对“16313”人才定期进行全面体检；每年分批组织“16313”人才开展学术交流、疗养休假活动，并做好节日走访慰问和日常服务工作。

四、强保障，彰显产业工人主体地位

一是政治上保证。集团公司推荐全国职工职业道德建设先进个人、基层一线优秀女职工代表——铜业公司种板作业区副区长刘素花同志兼任甘肃省总工会五届女职工委员会副主任、白银市总工会兼职副主席，同时也是集团公司第四届监事会职工监事；2021 年，集团公司共发展党员 150 名，其中从基层一线工人中发展党员 36 名，占发展党员总数的 24%；全面落实以职工代表大会为基本形式的民主管理制度，扩大基层职工代表人数，基层一线职工代表占职工代表总数的 60%，坚持重大事项决策、涉及职工切身利益重大问题召开职代会审议。

二是制度上落实。为加强产业工人队伍建设，全面提升员工岗位技能水平和整体素质。制定了 20 多项配套制度和办法，在工作中贯彻落实，制度的健全规范为保证产业工人队伍的培养、管理、教育和相关待遇的落实发挥了重要作用。

三是素质上提高。以职工职业技能大赛为龙头，以赛促训、以赛促评，赛培结合加速培养高技能人才。多年来，集团公司已连续举办了 16 届职工职业技能大赛，举办、承办了 98 个工种的技能大赛，参赛职工达 12000 人次。通过历届各级别技能大赛，共有 548 人获得省级荣誉称号，其中 9 人获得“甘肃省五一劳动奖章”，69 人获省“技术能手”称号，177 人获省“技术标兵”称号，396 人获省“优秀选手”称号，199 人破格晋升了技能等级；群众性创新创效活动硕果累累。两年来，共征集职工技术创新成果 90 项，分别向甘肃省总工会、白银市总工会申报 10 项和 66 项成果参与年度项目评审。申报省级评审的 10 个项目中，获得一等奖 1 个，二等奖 2 个，三等奖 5 个；38 项优秀技术成果参加第十届国际发明展览会，获得 7 金、18 银、6 铜的好成绩，位居甘肃省各展团之首。同时，集团公司获得全国发明展览会“一带一路”暨金砖国家技能发展与技术创新大赛“优秀展团奖”，深入开展劳动竞赛和“安康杯”竞赛活动。近年来，两级工会围绕产量、质量、安全、技术经济指标、工程建设项目等每年申报立项集团公司级、厂矿级主题劳动竞赛不少于 80 项，80% 以上的职工广泛参与劳动竞赛；开展合理化建议、“五小”攻关、实施修旧利废等降本增效活动，为完成生产任务发挥了促进作用。

四是权益上维护。坚持并不断完善以职工代表大会为基本形式的企业民主管理制度，切实保障职工的知情权、参与权、表达权和监督权，凡涉及职工切身利益的事项必须经职工代表大会审议通过。公司工会代表职工与企业签订了《集体合同》《女职工特殊权益保护专项集体合同》《劳动安全卫生专项集体合同》，建立健全了《职工监事管理办法》，通过职代会选举产生了职工监事，确保职工有序参与公司治理。大力弘扬劳模精神、劳动精神、工匠精神，积极营造劳动光荣的社会风气和精益求精的敬业风气，为省部级困难劳模落实补助资金，为全国劳模发放困难补助、春节慰问金和体检费，每年组织各级劳模、共产党员标兵、技能人才考察疗养，切实落实劳模的政治、生活待遇。认真落实“春送岗位、夏送清凉、金秋助学、冬送温暖”品牌活动，坚持开展“双节”慰问、日常帮扶、大病救助、伤病住院慰问等各类群体关心关爱活动，会员生日慰问等普惠服务工作在二级单位普遍展开。根据《关于落实职工福利助力消费扶贫促进经济发展的通知》，集团公司从对口扶贫地会宁县购买了近300万元面粉和胡麻油发放给在岗职工；关心关爱职工生活，解决职工午餐问题，为全体在岗职工每月增加220元午餐补助；投资近3000万元对矿山公路进行改造，解决了职工行车难的问题，切实把集团公司关心关爱职工的好事落实在具体行动中。

化验检测

劳模工作室技术交流

维护机器人

明定位　举旗帜　搭平台　聚合力 全力推进“四型”产业人才队伍建设

深圳市中金岭南有色金属股份有限公司

深圳市中金岭南有色金属股份有限公司（以下简称“中金岭南”）是以铅、锌、铜等有色金属生产为主业、国际化经营的资源型企业，公司设有“国家级技术中心”“中金岭南科学技术开发院”“博士后科研工作站”和“广东省岭南铅锌重点工程技术研究开发中心”等研发平台，先后荣获省部级及以上科技奖励140余项，其中国家级科技奖励14项，国家专利300余项（发明专利98项）。中金岭南工会联合会成立于1985年8月，下属基层工会17家，工会会员8970人。工会工作坚持以职工为中心，以需求为导向，持续深化产业工人队伍建设改革，将改革工作纳入全公司督办工作重点，形成党委统一领导、工会牵头抓总、部门各司其职的工作格局，推动改革工作不断走深走实，全力打造“新时代工匠队伍”。

一、提高政治站位，明确推进产业工人队伍建设改革的重大意义

推进产业工人队伍建设改革是习近平总书记亲自谋划和部署的重大改革，是以习近平同志为核心的党中央着眼巩固党的执政基础、实施制造强国战略、全面提高产业工人队伍素质作出的重大决策部署。公司工联会上下充分认清产

业工人队伍建设改革工作的重要意义，强化责任担当，确保组织领导再加强、认识再提升、制度再强化、措施再聚焦、保障再优化，全面推进产业工人队伍改革向纵深发展、向基层发展，2021 年获评为“全国机械冶金建材系统产业工人队伍建设改革示范单位”。

二、加强组织领导，凝聚推进产业工人队伍建设改革的强大合力

公司工联会为深入贯彻落实《新时期产业工人队伍建设改革方案》，注重加强统筹协调，增强推进改革的工作合力和协同效应，推动成立了以党委书记（董事长）为组长，党委副书记（工会主席）为办公室主任的组织机构，工会和人力资源部牵头党群工作部、办公室（党委办公室）、科技部、财务部、信息部、培训与技能鉴定中心等部门联合建立产业工人队伍建设改革多层次联席会议制度，组织专项调研队伍深入一线，倾听呼声；从舆论引导、环境改善、培训教育、资金支持和分工履职等各个环节展开深入研讨，制定综合改革方案，把产业工人队伍建设纳入公司“十四五”规划中把握和考虑，制定中金岭南产业工人队伍建设改革的整体推进计划和详细方案，下发了《中金岭南公司产业工人队伍建设改革、技能人才创新发展及高端技能人才管理办法（试行）》，明确“四型”（知识型、创新型、技能型、学习型）人才队伍的建设路径和培养举措，切实形成推进产业工人队伍建设改革的整体合力，把产业工人队伍建设改革抓紧、抓实、抓好。

三、强化举旗育人，大力推进产业工人队伍建设改革的思想引领

坚持党的领导不动摇，加强对职工的思想引领和宣传教育工作。深入学习贯彻落实《新时期产业工人队伍建设改革方案》《关于加强和改进新时代产业工人队伍思想政治工作的意见》《习近平在全国劳动模范和先进工作者表彰大会上的讲话》等精神，开展以“劳动创造幸福”为主题的宣传教育活动，举旗育人，积极引领广大职工听党话、跟党走；采用各种方式弘扬主人翁精神，使

工人阶级的先进文化成为宣传主流，彰显和保证产业工人的主人翁地位。

坚持提升产业工人队伍素质，充分发挥工会“大学校”的作用，大力实施职工素质建设工程，坚持用党的思想培育职工，充分掌握工会意识形态工作主导权，围绕中心、服务大局，把“大培训”课堂搬到生产车间、岗位一线，积极组织职工开展技能学习，建设好培训、练兵、竞赛、晋级、奖励“五位一体”的技能人才培养长效机制。

四、完善支撑保障，优化推进产业工人队伍建设改革的制度设计

一是提升一线员工收入水平。为落实《关于提高技术工人待遇的意见》和保证产业工人主人翁地位的制度安排，工联会积极推进公司三项制度的改革，倡导“向善向上、共创共享”的企业文化，在企业不断发展、效益不断提升的前提下，让收入增长不断向基层一线员工倾斜。近年来，公司增加的工资额度基本用于一线员工，主体企业一线员工每年工资增幅在 7% ~10%。

二是开创技能人才评价新模式。2008 年，中金岭南率先在全国开启技能人才评价体系创新，突破传统国家技能鉴定模式，创造了以实技、实效、实绩为核心，考评结合的“三实”评价鉴定模式，被国家人力资源和社会保障部誉为“广东模式”在全国推广。通过十多年的技能人才持续培养，公司技能人才队伍素质不断提升，现有中级工及以上 3516 人，占员工总数的近 50%，其中高技能人才 325 人。

2021 年，公司打破技能人才发展瓶颈，在传统高级技师“天花板”之上设立了专家级技师、特级技师、首席技师等高端技能人才岗位，可享受相当于企业中层副职、正职、总师（总助）待遇，特别优秀的人才可享受领导班子副职待遇。实施公开竞聘上岗、任期制管理、契约化考核、动态调整及淘汰，高级技师年收入可由目前的 15 万元提升至 50 万元甚至更高，让技能人才更加有尊严地工作和生活，很大程度地调动了技能人才创新创效、干事创业的积极性。

三是强化产业工人的多渠道培养。工联会积极为高技能产业工人设计了发展晋升通道，通过“十年成才”“三个三分之一”“首席技师”“公司工匠”等人才培养计划的实施以及一专多能、一岗多能、师带徒、技能培训、班组长提升、工匠工作室等多种形式培养，锻造一支政治素质高、工作作风硬、技术业务精、敬业精神强的产业工人队伍，助推公司高速发展。

四是厚植劳模精神、工匠精神。2018 年以来获评市级以上劳动模范 26 名，各级工匠 20 名，一线员工占 87%，公司给予了隆重的表彰和奖励。参加全国有色行业班组长竞赛获奖的 19 名职工荣获公司嘉奖，职务都获得了不同程度的晋级，如在“江铜杯”班组长竞赛中：理论考试第一名的孙照吉已被提拔为丹霞冶炼厂车间副主任；教练组组长罗振带领 4 名队员（在 150 名决赛选手中）取得理论考试分列第一、二、三、六名的优异成绩，工作能力和理论水平都得到大家高度的评价和认可，后被推举当选为第十三届全国人大代表，在 2020 年被破格提拔为丹霞冶炼厂副厂长。工联会还积极组织开展劳模慰问、劳模体检、劳模疗养和“匠心筑梦 与爱同行”劳模先进、技能能手亲子拓展等活动，让产业工人的荣誉感、获得感、幸福感更沁人心。

五、聚焦赋能成长，全力搭建产业工人建功立业的平台

一是集全力开展劳动和技能竞赛。以“当好主人翁、建功新时代”为主题，持续在重点工程、项目、领域大力开展主题式、点题式劳动竞赛，与“工人先锋号”创建、劳模和工匠人才创新工作室建设以及“安康杯”竞赛等活动深度融合，举办中金岭南网上练兵、技能大赛和创新创造（创意嘉年华）展示活动，实现“互联网 +”劳动技能竞赛的新突破，为公司系统内职工切磋技艺、交流技术、提升技能和展现风采搭建平台、提供舞台。在庆祝中国共产党成立 100 周年大会上，5 家劳动竞赛优秀组织单位获得隆重表彰，取得热烈反响。近两年来，精心组织近千名职工参加有色行业岗位练兵线上学习，连续 4 年组队参加全国有色金属行业班组长综合管理技能竞赛，先后 5 人荣获一等

奖、6 人荣获二等奖、8 人荣获三等奖，获奖率 95%，2020 年被评为“全国有色金属行业班组长网上练兵活动优秀组织单位”。

二是激活力开展群众性技术革新活动。聚焦班组、聚焦一线，深耕合理化建议、技术攻关、技术革新和发明创造等群众性技术革新活动，激励和引导一线班组以小发明见大成效、小改造解大难题、小设计做大文章、小建议创大效益，每年完成技术革新和课题攻关 100 余项，80% 以上的攻关项目取得显著成效。2016 年以来，公司工联会组织开展的群众性技术革新活动，收到合理化建议 7890 条，涌现出创新项目 2133 项，其中 314 个项目、1332 名职工获得公司表彰，每年创造经济效益近亿元，调动了广大职工投身创新发展的积极性、主动性和创造性，强化职工的创新能力。在 2021 年全国机械冶金建材行业职工技术创新成果及创新百强班组评选活动中，共申报 9 个项目，全部入围获奖，其中凡口铅锌矿选矿厂磨浮工段操作班组、中金岭南电池锌厂锌合金生产班组荣获全国机械冶金建材行业“创新百强班组”称号。丹冶厂“从硫酸盐溶液中高效绿色分离提锗关键技术应用项目”是入围广东省“五小”决赛的 60 个项目之一，荣获创新成果奖。

三是聚合力搭建劳模和工匠成长平台。下发《公司劳模和工匠人才创新工作室管理办法（试行）》，加强公司 30 个劳模（职工）创新工作室的规范化、集群化、品牌化建设，挖掘培育更多工匠技师人才，做实叫响“中金岭南工匠”品牌。每年评选出 10 名中金岭南工匠，举办职工创新大讲堂，聆听劳模工匠讲述“最美初心”。“十四五”期间将重点打造“一库”（劳模、工匠技能人才储备库）、“两室”（劳模、工匠创新工作室）、“四化”（制度化、规范化、网格化、信息化）管理模式和服务平台，为公司“四型”人才成长成才贡献力量。

六、精益权益维护，当好服务产业工人队伍建设改革的“娘家人”

加强职工之家、职工书屋、文体中心和心灵驿站等建设，把各级职工之家建设成为集学习培训、心理疏导、娱乐健身于一体的活动中心，下发《职工书屋建设意见》，各级工会主动作为，依托职工书屋积极开展创新成果展示、职工讲堂等学习活动。现已建成全国工会职工书屋示范点5个，2021年公司工联会被授予“全国模范职工之家”称号。

七、倾情摇旗呐喊，做好推进产业工人队伍建设改革的代言人

借助公司0A网站、微信公众号、职工书屋等平台，开展丰富多彩的宣传活动。开展“工作的我最美”自拍秀活动，征集一线职工作品66个，展示了职工积极向上的精神风貌；组织公司“最美班组”短视频大赛，创作了36部体现基层班组员工爱岗敬业精神的短视频作品，其中凡口铅锌矿厂的《制砂班+最“折腾”班组》视频作品获全总举办的短视频大赛三等奖；拍摄宣传全国机械冶金建材行业工匠郑贱林的《鼓风炉前追梦人》和张庆恩示范性创新工作室的《劳模引领创新，创新引领未来》等视频，大力弘扬身边人的劳模精神、劳动精神、工匠精神，营造尊重劳动、崇尚技能、鼓励创造的良好氛围，当好最美职工的代言人。

下一步，中金岭南工联会将积极搭建党政支持、各方参与的工作体系，全面加强职工思想政治引领，不断完善职工技能提升、劳动竞赛和职工创新等活动，加快建设“互联网+”职工服务体系，科学打造方便快捷、务实高效的网上工会平台和服务职工新通道，大力深化创新，努力推动产业工人队伍建设改革工作再上新台阶。

车间技术比武如火如荼

技术比武一丝不苟

台车爆破班“全国工人先锋号”揭牌仪式

劳动竞赛目标推动赛誓师大会

搭平台优机制　推进产业工人队伍建设

新疆有色金属工业（集团）有限责任公司

新疆有色金属工业（集团）有限责任公司（以下简称“新疆有色”）注重将产业工人队伍视为创新驱动发展的重要力量，坚持在产改工作中加强思想建设、创新体制机制、提升素质能力、保障合法权益，推动建设宏大的知识型、技术型、创新型劳动者大军，充分调动一线工人的积极性和创造性。

一、坚持党建带工建，突出产业工人队伍思想政治引领

强化和创新产业工人队伍党建工作是加强思想建设的重要抓手，坚持党建带工建，鼓励产业工人代表有序参与企业治理。新疆有色深入推进“两个覆盖”，在集团所属车间、井下项目部、海拔 4000 多米的矿山项目部以及野外项目部全部建立党组织。集团领导班子成员带头，推动党建力量下沉。148 名中层干部与 156 个基层党支部和党小组，287 名普通党员和普通职工建立联系，工作重心持续下移，把岗位能手发展成党员，把党员锻造成业务骨干，着力消除无党员班组，使党建工作深入一线工人队伍中。科邦锰业原是一家民营企业，加入新疆有色后，设立党员责任区、党员示范岗，组织开展“评优秀、立标杆”“比学习、比技能、比创新、比奉献”等主题活动，凝聚企业发展合力，使党组织的“软工作”变成生产经营的“硬成果”。

新疆有色两代人，原新疆有色副经理肖柏阳、“全国五一劳动奖章”获得者容雪岭，先后走进新疆党校、红色教育基地有色陈列馆、新疆有色所属二级单位亚欧稀有公司等单位，传讲“弘扬可可托海精神，锤炼忠诚干净担当的政治品格”“传承红色基因，弘扬可可托海精神”等党史学习教育专题，为产业工人呈现了新疆有色红色基因的传承。

集团组织工人队伍中的优秀代表，到群团组织中挂职或兼职。其中，中共十九大党代表、“全国五一劳动奖章”获得者，哈图金矿容雪岭兼任新疆维吾尔自治区总工会兼职副主席，新疆有色工会常委会、女工委员会委员，并到新疆有色工会挂职锻炼，实际参与组织基层班组长参加全国有色金属行业班组长综合技能大赛决赛，参与新疆有色职代会召开和职工代表培训等工作。

集团积极开展优秀提案和优秀职工代表评选，对每位职工代表进行访谈，收集民主管理工作的改善建议。截至 2021 年 10 月 15 日，已面向集团及其所属二级企业 200 余名各级职工代表开展 4 期培训，全面介绍集团人力资源、信息化建设、企业文化等现状，共培训 1032 人次，收集各级职工代表上报的提案 127 条。组织 28 家单位各级职工代表学习《新时期产业工人队伍建设改革方案》政策解读，了解集团产改工作进程，在厂、矿、车间、班组中宣贯，职工覆盖率达到 53.2%。

二、加强产教融合，构建产业工人队伍技能培养体系

加强校企合作、产教融合，适应经济社会发展需要，实施农民工技能稳定就业，创新技能培训方式，完善职业鉴定体系，打造更多高技能人才。新疆有色注重加强校企合作，努力提高各类专业技术人员专业技能和业务水平；与新疆党校合作，邀请党校教授进企业；与中南大学合作，组织开展有色金属行业专业技术人员继续教育培训，借助院校网络平台，利用企业内训系统完成在线授课，涉及有色金属 9 个专业领域，为 525 人分别提供独立学习账号参与培训。同时，成立集团专家委员会，深化与北矿院、五矿集团等央企长期稳定合

作，培养专业技术人才。

新疆有色全面做好南疆四地州深度贫困县、贫困家庭劳动力转移就业人员的吸纳安置工作。2021年是集团工会在南疆新员工中开展“三学一争”活动的第三年，通过评选“学习普通话能手”“学法守法能手”“岗位技术能手”，激发南疆新员工技能提升的积极性，营造了各族产业工人交往、交流、交融的和谐氛围。

新疆有色组织所属矿山企业各专业产业工人和技术人员139人共同协作，针对电工、转炉工、提升机工等16个职业（工种），按照初级工至高级技师分成5个层级，完善题库达48000道，并参照国家、行业现有标准规范，结合各职业（工种）新技术、新工艺、新设备要求，形成新疆有色行业培训标准，为进一步开展职工技能培训和职业技能等级自主认定工作奠定基础。经过3年筹备工作，集团职业技能通用工种实训基地（维修电工、钳工）和铜冶炼仿真实训系统已投入使用，合作共建的新疆安全生产考核实训基地已投入使用。2021年11月举办集团第八届职工职业技能大赛，其中电工、钳工、火法冶炼工（仿真系统）三个工种的竞赛均在实训基地完成。

三、运用网络新载体，打造工业化和信息化融合发展格局

顺应数字化发展趋势，积极打造网络学习平台，推行“互联网+”普惠服务，形成线上线下深度融合，互相联动的格局。2021年，新冠肺炎疫情防控形势依然严峻，职业培训采取“以线上为主、线上与线下结合”形式，提高了企业内训师的网络授课水平，同时大大提高了产业工人的学习效率。

2021年8月，集团组织323名基层班组长参加了全国有色金属行业班组长网上练兵活动初赛，其中53人闯进复赛，占全国复赛总人数的5%，按照竞赛活动成绩和单位排序，新疆有色共有14人进入行业班组长竞赛线下决赛。

集团工会以此为契机，组织职工通过手机关注“职工e家”“枫桥经验服务e站”，每周通过线上参加《枫桥大讲堂》主题培训，截至2021年10月15

日，集团 41 场培训累计参与 82289 人次，“枫桥经验服务 e 站”还开设了法律、心理、技术创新咨询窗口，共有 23 位律师、心理咨询师、专业知识产权咨询师等各类专家为产业工人提供免费在线咨询，使越来越多的产业工人可以方便地享受到线上普惠服务。

四、优化人才新机制，激发产业工人队伍创新内驱力量

拓宽产业工人发展空间，建立产业工人创新成果按要素参与分配制度，改进劳动和技能竞赛机制，发挥劳模创新工作室效能。新疆有色以国企改革“双百行动”为契机，率先在所属二级企业西部黄金股份公司推行干部任期制和契约化管理，形成了经理人聘用、考核、退出机制，建立了经理人、专业管理、技能操作的职业发展“三通道”。建立健全职工工资合理增长机制，推行企业管理人员职务职级适度分离，打通多重晋升通道和历练平台，在 2021 年 4 月率先完成集团总部全体人员竞聘上岗，实现人岗相适和提质增效，后续将逐步在所属二级企业、三级企业中推广落实。

集团制定《职工创新活动奖励办法》《技术奖励办法》《科技成果转化的组织实施与激励奖励制度》《研发费用管理制度》等相关制度，有效鼓励技术人员参加创新创效活动。集团积极推动劳动模范在创新创效活动中发挥示范引领作用，以“全国五一劳动奖章”获得者容雪岭、热西拉·热哈提，“全国劳动模范”获得者依达亚提·拜斯拉木等命名的技术创新工作室发挥着典型带头作用。迄今，新疆有色集团公司共创建职工（劳模）创新工作室 22 个，其中全国级 2 个，自治区级 12 个。2021 年 9 月，集团召开第七届职工创新成果发布会，经过角逐，50 个创新小组的 QC、“五小”、合理化建议优秀成果从 445 个职工创新成果中脱颖而出取得佳绩，其中 22 个获奖成果来自职工创新工作室。创新小组成员中产业工人占 51.2%。共有 468 个职工技术创新成果获自治区总工会各类优秀创新成果奖，奖励 63.35 万元。通过创新平台，越来越多的产业工人用自己的创新智慧，为企业持续创造价值。

集团每年开展提质增效主题劳动竞赛，2021 年对 6 家优胜单位和 2 家优秀组织单位大力表彰，发放奖励款 36 万元。集团共有 7305 名职工、374 个班组参加了“安康杯”竞赛，16 家基层单位，5195 人参加了全国“安康杯”职工安全健康意识与应急技能知识竞赛答题活动。通过劳动竞赛发现产业工人队伍中的优秀人才，在新疆有色集团劳动模范评选中，一线工人占比不低于 50%。

五、营造崇尚劳动氛围，完善产业工人队伍权益保障体制

定期开展产业工人队伍状况调查，加强产业工人职业安全和健康保障工作，完善产业工人劳动经济权益保障机制，营造尊重劳动、关爱职工的浓厚氛围。新疆有色集团陆续开展职工技能状况调研、新冠肺炎疫情防控期间民主管理工作落实情况调研、职工权益保障调研、职工互助保障活动开展情况调研、在产业工人队伍中开展党史教育情况调研等各项调研工作，并撰写调研报告。其中《新疆有色职工权益保障调研报告》获中国机械冶金建材工会优秀调研报告一等奖。根据《新疆有色集团工会对下专项补助管理办法》，集团工会每年拨款 100 余万元，用于加强所属企业工会服务站、职工之家、职工心理辅导室、创新工作室、女职工休息哺乳室、职工书屋等建设。各车间班组配备微波炉、净水器等设备，以便职工在不脱岗的情况下解决吃饭问题；配备冷风机、空调等，解决职工防暑降温问题，改善职工工作条件，让一线产业工人体面劳动。

新疆有色集团全面推行企业年金制，完成企业年金的建账工作和自助服务平台的搭建工作，顺利完成职工的企业年金缴费工作，确保把好事办好，进一步提升职工的获得感和幸福感。积极推进西部黄金 2021 年限制性股票激励计划和新鑫矿业 2021 年股票增值权激励计划，目前两项计划方案均已由新疆有色集团审核批准，西部黄金激励计划已经由国资委党委会主任办公会审议通过。

2021 年，集团筹集“特殊党费”19.6 万元用于帮扶 43 位相对困难职工。集团工会在“五一”劳动节前夕慰问各级在职劳动模范 42 人，慰问金共计 4.4 万元。在全集团范围内广泛组织在职职工参与医疗互助保障活动，集团参保单位 34 家，参保人数 6338 人，参保金额 697180 元，自 2021 年 5 月 1 日活动开展以来，当年受惠人数达 433 人，工会互助保障报销金额达 39.37 万元，人均受惠 909.23 元。

哈图金矿组织南疆员工了解企业历史

喀拉通克公司产业工人参与创新研究

科邦锰业党支部组织主题党日活动

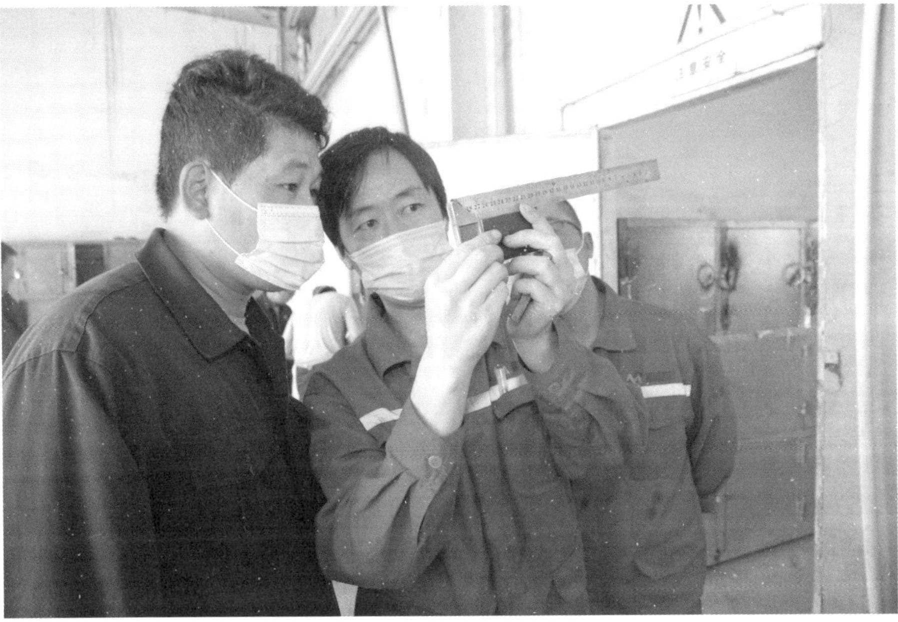

亚克斯公司钳工凹凸件创新制作现场

优化职工成长体系　打造工匠培育生态链

——产业工人队伍建设改革　助力企业“三高”发展

巨石集团有限公司

巨石集团有限公司（以下简称“巨石”）以玻璃纤维及制品的生产与销售为主营业务，目前拥有浙江桐乡、江西九江、四川成都、埃及苏伊士、美国南卡罗来纳州五个生产基地，玻纤纱年产能超240万吨，是全球规模最大的玻纤企业。公司全体党员干部带领职工群众认真学习贯彻习近平新时代中国特色社会主义思想、党的十九大以来的各项方针政策，紧紧围绕公司改革、发展、稳定的大局。巨石围绕“政治上保证、制度上落实、素质上提高、权益上维护”的总体思路，深入学习研究上级单位制定的《新时代产业工人队伍建设改革实施方案》，优化构建职工成长和发展体系，打造工匠培育生态链，致力让员工成为“脸上有笑、手中有劲、脚下有力、心里有爱”的“四有巨石人”，助力企业“高质量、高水平、高品质”发展。

一、把握党建引领，引导职工落实责任担当

巨石始终坚持把学习贯彻党的十九大、十九届五中全会精神和习近平新时代中国特色社会主义思想作为首要政治任务抓紧、抓实、抓好，并注重整体把握、全面领会精神实质，提出“党建强才能发展强”的党建理念，围绕“将党

建建在心坎上、建在行动上、建在实效上”的“三建工作法”，结合公司实际推动学习成果转化为具体工作举措，创建、完善、优化职工之家、职工书屋、创新工作室和融媒体中心，广泛宣传习近平总书记重要讲话精神，大力弘扬劳模精神、劳动精神和工匠精神，推动学习迅速展开、层层跟进、落地生效，切实增强广大工会干部和职工的政治自觉、思想自觉和行动自觉，引导职工增强“四个意识”，坚定“四个自信”，做到“两个维护”，自觉践行社会主义核心价值观。

28 年来，巨石抓紧、抓实主责主业，全体巨石人时刻牢记 2003 年习近平总书记来巨石时提出的殷切希望，做大做强民族玻纤事业，其间涌现出一批又一批产业工人的标兵、模范、工匠，带领玻纤工业领跑全球。

公司每年举行“年度颁奖盛典”，对包含先进产业工人在内的各类先进职工进行表彰，先进工作者、明星员工、最佳班组长、巨石工匠、国际化优秀人才、荣誉员工等奖项获得者中产业工人达到 90% 以上。专门搭建大型舞台，制作优秀人物的宣传视频，进行隆重的颁奖仪式，为广大产业工人树立先进标杆，促进广大产业工人争先创优。

二、优化培养体系，拓展产业工人发展空间

巨石不断拓展产业工人发展渠道，推动“工”向“匠”转化。公司在管理干部、技术干部、专员主管发展通道的基础上，专门为产业工人规划增设了工匠人才发展通道，让优秀的产业工人“找得到赛道、看得准方向、认得清规则、比得出业绩、获得好发展”。

公司申报获得企业职业技能等级自主认定试点，并选派 9 名专业人员取得了国家职业技能鉴定考评员资格证书，为自主考评工作奠定了坚实的基础。2020 年，公司共开展了玻璃纤维及制品工 1125 人次的职业技能等级自主认定，其中 1088 人通过认定，取得国家职业技能等级证书。

公司每年在 2 月至 11 月组织开展各层级的职工技能比武，通过层层比赛，

推选出优秀人员参加公司级的技能比武大赛。每年各单位内部开展技能比赛100余场，共组织开展12个岗位的技能比武，近300人次参与，营造了良好的竞技氛围。为了传承绝技绝活，企业积极推动技能大师工作室建设，共创建了1个嘉兴市级、3个桐乡市级的技能大师工作室。2019年11月，公司与桐乡技师学院合作开展企业新型学徒制培训工作，是浙北地区首家启动新型学徒制培养的企业。首批新型学徒制班的培养工种为电工，其中，技师5名，高级工7名，中级工18名，合计30名。

三、改善工作环境，全面落实关爱员工

巨石始终将人力资源视为公司第一资源，党委书记张毓强明确提出“巨石的发展由全体员工共同创造，巨石的成果由全体员工共同分享”。公司大力实施智能制造，生产效率屡创新高，劳动生产率比行业平均水平高40%，同时有效改善了员工工作环境，降低了员工劳动强度。

公司搭建员工沟通平台，采用高管与员工对话交流会、员工热线和员工信箱等形式，收集、处理员工的意见和建议，畅谈员工关心的民生问题，解决员工关注的难点问题，讨论公司发展的焦点问题，在很大程度上调动了员工参与企业经营的热情，增强了员工队伍的凝聚力。同时，进一步做好公司困难职工电子档案建设，积极发挥“爱心基金”和“爱心银行”作用，做好常态化“送温暖”和日常性帮困服务，做到精准帮扶、雪中送炭。

公司和工会积极创新文体活动载体，丰富职工文化生活，每年组织开展职工运动会、篮球赛、羽毛球赛、乒乓球赛以及企业文化沙龙、学习分享会、职工旅游、迎春文艺晚会等文体活动，致力让员工成为“脸上有笑、手上有劲、脚下有力、心中有爱”的“四有”巨石人。积极营造健康向上的企业文化，使来自“五湖四海”的产业工人乐意在巨石工作、惬意在巨石生活。

四、完善机制建设，切实保障员工合法权益

公司按期召开职代会，做好工资集体协商工作，依据内部薪酬调查、外部薪酬状况、公司运营情况、最低工资增长、全国工资增长曲线、工资和CPI增长关系6个方面的数据，就最低工资、加班工资增长以及人均工资增长10%以上与公司行政达成一致意见，签订工资专项集体合同，员工人均收入连续13年增长超过10%，2020年人均可支配收入为89352元，较嘉兴市城镇居民人均可支配收入64124元高出了39.3%。同时实现了100%覆盖健康体检、100%参保五项社会保险，在参缴五项社会保险的基础上，为员工参缴团体住院补充医疗商业保险，超过住院治疗费用起付线的个人支付部分可再报销80%，极大地缓解了员工的就医压力，同时公司还参缴了住房公积金和企业年金。

公司建立起了全方位的创新项目激励机制，并根据创新成果给予奖励，为广大产业工人提供了与实际价值创造相挂钩的激励体系。2020年，共有1731位职工提出1183个创新项目，为公司降低成本8.64亿元，公司共计奖励1698余万元。

公司100%与员工签订劳动合同，100%落实员工三级安全教育。“十三五”期间，员工队伍保持了良好的稳定性，平均月离职率控制在1.43%以下，同时员工满意度一直保持在4.7分（5分制）左右的高位。

五、谋求发展共享，实现企业职工共同富裕

巨石将公司与员工共享发展成果写入发展规划，确定了包含“发展和谐化”在内的公司“十四五”期间的四化发展战略。在公司“十四五”四化战略的指引下，建立人才提升子战略，完善关心关爱、对话沟通和困难帮扶等机制，预期“十四五”期间实现人均薪酬增长超过10%，“十四五”末人均薪酬福利总额超过19万元，人均可支配收入突破15万元。

巨石不断完善薪酬和绩效管理体系，保持领先的薪酬福利水平，丰富薪酬激励手段。2022 年末要实现“135”薪酬目标，即一线员工月薪 1 万元、科级干部月薪 3 万元、厂部级干部月薪 5 万元；2025 年末要实现“1551”薪酬目标，即一线员工年薪 15 万元、科级干部年薪 50 万元、厂部级干部年薪 100 万元，一线员工收入人均增幅较其他员工和干部高出 3% 以上。完善企业年金计划，拓宽激励机制覆盖面，企业年金计划在总部实施的基础上，向子公司拓展；在实施好超额利润分配方案的基础上，对限制性股票方案的实施启动论证和测算，根据实际情况探索建立限制性股票激励机制。

建设好公司职业技能等级自主评价和工程类中级及以下职称自主认定的平台，提升技能工资激励，通过每年不少于“百名”的高级技能人才评定，带动中级工和初级工的“千人”培养，逐步向“万名”工匠的目标努力。健全管理、技术、工匠和员工四条通道的晋升发展体系，完善实习干部和双职位干部人才梯队建设，为员工成长创造平台，通过晋升发展实现薪资跨越性提升。“十四五”期间实现技能人才超过 4500 人，总量翻番，培训费用投入不低于 900 万元。

“大力士”

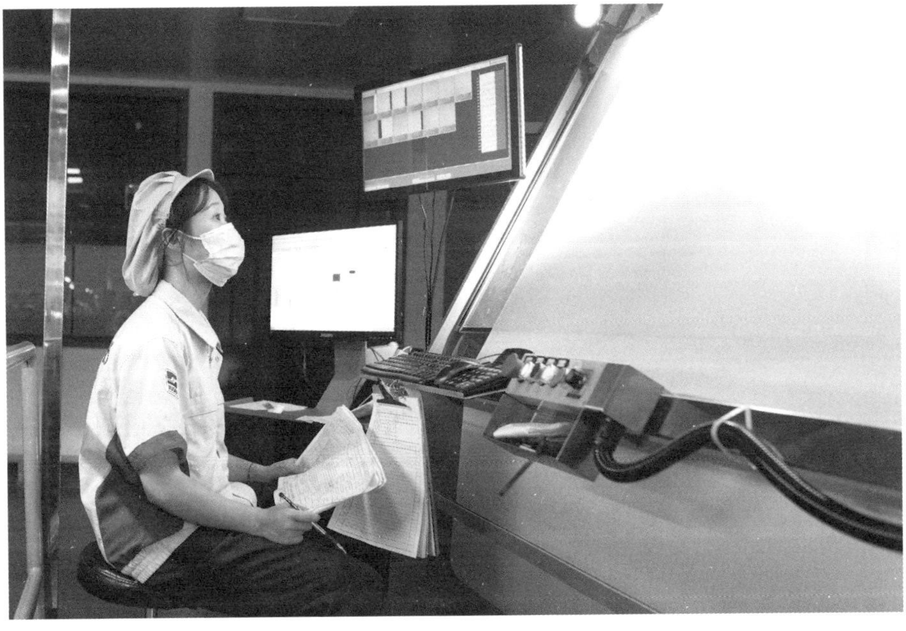

机器旁的记录者

圈起专注

突出党建引领　强化“党工共建”促进企业持续健康稳步发展

国创高科实业集团有限公司

国创高科实业集团有限公司（以下简称“国创”）成立于1996年12月，公司位于中国·光谷武汉大学科技园内，是一家集实业、金融业、新兴产业于一体的综合性民营企业集团，拥有道路材料与工程、汽车制造、房地产与经纪服务、酒店管理、金融投资、教育投资六大板块。目前，集团所属控股或全资子公司20家，其中2家上市公司，拥有国家、省级技术中心4个，“国创”“楚源”两个注册商标。集团本部职工2000余人，其中具有大学本科学历及以上的占80%，工程专业技术人员占60%以上。

自开展试点工作以来，国创认真学习贯彻习近平总书记关于工人阶级和工会工作的重要论述，深入贯彻落实党中央、省、市党委、政府和工会组织关于新时期产业工人队伍建设改革系列文件精神和工作要求，把推进产业工人队伍建设改革作为企业改革发展的一项重要内容，紧紧围绕集团经营发展战略，创造性提出“以党建引领、党建带工建、工建促党建，党工共建、整体推进”的总思路，改革创新、务实重行，形成了企业党工共建、良性互动的新局面，促进了企业健康稳步发展。

一、突出“三个同步”，不断完善党工共建组织体系

一是坚持党组织和工会组织同步组建。认真落实集团党委、董事局关于“企业发展到哪里，党工组织就建到哪里，党员、会员关系就转接到哪里”的总要求，在集团及所属公司全部建立起党工组织，实现了党工组织、活动（工作）、服务的全覆盖。同时，集团党委明文规定，在成立子公司的同时，符合条件的公司必须建立党工组织。国创工会于 2004 年 6 月建立了湖北省总工会直管的第一家非公企业工会，同年 9 月成立党组织。目前，拥有 3 家企业党委，17 个党支部，在职在岗党员 200 余名；拥有二级工会 10 家，工会分会、小组 150 余家，专兼职党工干部 50 余名，各类会员 2000 余名，党工组织覆盖湖北、北京、安徽、广西等集团控股或全资子公司，形成了以集团党委、工会为核心，辐射全国的网络组织体系。

二是坚持党务干部与工会干部同步配备。把工会干部放在与党务干部同等重要的位置进行推荐和考察，并按照有关民主程序确定，集团及所属公司实行行政职务和党工职务交叉任职，集团党委书记由“全国劳动模范”、董事局主席兼任，一名高级董事任专职党委副书记、工会主席，集团所属公司党组织书记、工会主席由副总以上领导干部兼任，各级党工班子成员由中层以上管理人员担任，所有公司干部任免都要经企业党委会研究讨论。

三是坚持党建工作与工会工作同步安排。将企业党建工作和工会工作统一规划，共同实施，一起纳入考核，有效实现了党建工作与工会工作的有机融合。每年初召开集团党委、董事局联席会议，研究拟定集团党委、工会工作要点，每季度进行一次检查，每半年进行一次小结，年底对集团党建、工会工作进行考评，并将考评结果纳入年终绩效考评范围进行公开，并将其作为干部调整激励、奖惩任免、培养人才的重要依据。

二、健全“三个机制”，不断强化党工共建互动效应

一是建立领导机制。把“党工共建”工作纳入重要议事日程，成立了以集团党委书记任组长，党委副书记、工会主席任副组长的领导小组。同时，集团建立由党群、运营管理、人事管理、财务管理、战略投资等管理中心负责人参加的党工共建联席工作机制，所属公司也相应成立了组织机构，共同研究解决有关问题，形成了齐抓共管的良好局面。

二是完善责任机制。为了强化工作落实，集团党委对党建工作实行目标管理，将工会工作纳入其中，依法履行“领导、依靠、支持、帮助”工会工作的政治责任。集团工会与所属建会公司签订目标责任书，将党建工作纳入其中，发挥工建促党建的重要作用。

三是构建激励机制。把党工工作作为考核领导班子和领导干部的重要抓手，不断调动各级干部工作的主动性和创造性，增强干事创业的责任感和紧迫感。在工作中注重培养、选树以“党建带工建、工建促党建”的先进典型，通过集团网站、微信公众号以及新闻媒体进行广泛宣传，通过适当的形式进行表彰和奖励，并积极向上级组织进行报送。2021 年 6 月，我们对党工共建工作突出的“两优一先”进行了隆重表彰，其中，部分党组织、党组织书记和党员还受到中共武汉市委、东湖高新区党工委的表彰和奖励。

三、发挥“三个作用”，激发党工共建内在活力

一是发挥党组织政治优势和工会组织桥梁纽带作用。充分发挥企业党组织领导工会组织的政治优势和工会组织与职工队伍紧密联系的实际，通过党建和工建互动，把企业先模人物吸引到党组织周围，把党员培养成业务能手，实现企业中坚力量业务、觉悟“两手”硬。

近年来，在集团党委领导下，集团工会通过开展“我为国创献一策”、开办“国创大讲堂”、开展“劳模讲奋斗故事”、评选“国创标兵”等活动，不

仅发挥了工会组织服务职工的作用，还影响和带动了一大批职工爱岗敬业，促进了企业健康稳步发展。目前，在集团本部2000多名职工中，党员是最活跃、最积极、最优秀的群体，成为推动企业发展的中坚力量。

二是领导工会组织发挥维权服务作用。在集团党委领导下，工会组织以构建和谐劳动关系、稳定职工队伍为抓手，努力抓好源头参与，积极参与党政联席会议，完善企业民主管理，持续坚持把企业经营管理和发展的重大问题、职工关心的热点问题作为厂务公开的重点向职工公开。通过完善劳动关系矛盾疏导和劳动安全预警机制、参与考评企业领导班子、评选表彰优秀工会之友、开展献计献策等活动，让广大职工参与企业经营管理，评议各级领导干部，面对面解决各类问题，不断增强企业发展活力。扎实开展“四送+二会+一发”活动（春送祝福、夏送清凉、秋送岗位、冬送温暖，季度生日祝福会和劳模休养会以及节假日发福利），切实履行好第一责任职责，竭诚为广大职工服务。

三是发挥党员先锋模范作用和职工主力军作用。集团党委每年都要创建一批“党员示范岗、党员责任区”，开展“二优一先进”以及“党建创新示范项目”评选表彰，努力把党员培养成企业经营发展的骨干力量和先锋模范。集团工会每年开展“技术革新、劳技竞赛、劳模和工匠人才培育”以及“职工创新工作室”选树等活动，发挥职工党员示范带动作用，带领广大职工为企业发展作出新贡献。

近年来，由党员领衔的涂娟创新工作室加强新材料研发，荣获了全国技术市场最高奖——金桥奖，研发的新项目被列入省创新产品应用示范名录，SBS改性沥青系列产品被武汉市政府授予“武汉市名牌产品”，公司研发中心被授予“湖北省绿色新型道路材料企校联合创新中心”，同时荣获2020年度全国机械冶金建材系统创新百强班组。由工匠人才领衔的周波创新工作室成功研发出湖北省首台核酸检测车，服务大武汉，驰援河北石家庄、云南瑞丽等疫情地区，为突发疫情和疫情常态化防控监测提供了有力保障，《核酸检测车研发与应用》项目先后荣获全国机械冶金建材系统职工技术创新成果二等奖，湖北省经贸系统职工双创大赛优秀创新奖，工作室负责人周波还被授予“2021年荆楚工匠”称号。由职工劳动模范领衔的胡怡汉创新工作室大力推广特色小产品技术服务，项目喜获“湖北省市政工程建设优秀质量管理优秀成果奖”。

通过典型示范引领，一大批拔尖人才、技术能手、劳模标兵、服务明星、优秀党员从集团各产业脱颖而出，成为企业高质量发展的生力军，成为实现“双百国创”的一支重要力量。

新时代是奋斗者的时代，行而不辍、未来可期。集团工会将以实际行动践行习近平新时代中国特色社会主义思想，认真学习全国机械冶金建材系统产业工人队伍建设改革工作经验交流会会议精神，学习借鉴先进经验做法，继续在产改工作中当先锋、闯新路，主动履职、感恩奋进，全力推进产改工作落实，全面提升工会工作水平、服务能力，竭诚服务广大职工，全面增强企业可持续发展能力，为促进“双百”战略发展、“三化”大武汉建设以及湖北省中部崛起战略实施作出新的更大贡献！

国创集团党员突击队、工人先锋号举行誓师仪式，并迅速投入道路抢险保通工作

国创集团公司工会组织职工参加2020年武汉市职工徒步大赛

国创武汉客车周波创新工作室团队对研发的武汉光谷核酸检测车进行调试

清明前夕，国创集团党委组织党员干部、劳模和入党积极分子为革命烈士敬献花篮追忆初心

打造高素质职工队伍　推动企业高质量发展

北京金隅集团股份有限公司

北京金隅集团股份有限公司（以下简称“金隅集团”）现有职工47000人，其中产业技术人员26320人，普工占比27%，技工占比24%，专业技术人员占比32%，获得高级工以上技能等级证书的人员占一线员工10%，获得专业技术职业资格的人员占专业技术人员58%。享受国务院政府特殊津贴2人，集团级特级技术专家2人，全国技术能手2人，省部级技术能手24人。近年来，金隅集团始终把产业工人队伍建设融入公司体系建设中，政治上保证、制度上加强、措施上给力、政策上支持，产业工人队伍建设改革不断得到持续深化。

一、聚焦工作主线，切实彰显产业工人主人翁地位

成立由工会主席任组长，集团总部各相关部门负责人、各二级集团公司及集团直管专业单位工会主席任组员的推进产业工人队伍建设改革协调领导小组。定期组织召开工作推进协调会，听取汇报，部署工作，分析研究形势任务，协调解决存在的问题，统筹推进各项任务落实。产改办对各单位逐一督导调研，听取工作汇报，现场讲解方案要义，检查指导工作进展。强化工作措施，细化工作分解，将《实施方案》细化成工作任务，分解到具体部门，明确

责任人和完成时限。各单位、分公司和子公司按照集团公司要求，结合各自实际，制定方案，分解工作任务，扎实开展工作，确保了改革工作按步骤、按计划有序推进。

作为北京市产业工人队伍建设改革项目试点单位，制定了《金隅集团股份有限公司新时代产业工人队伍思想政治引领工作方案》，将方案分解为 8 项任务、33 项措施，持续加强和改进思想政治建设。开展劳模宣讲活动，征集"劳模工匠伴我行"抖音、微视频作品，在《劳动午报》和北京电视台刊登北京大工匠宣传作品，奏响了劳动光荣、创造伟大的时代主旋律。落实集团工会委员会一线工人委员、常委与基层党支部一线工人支委代表参加公司总经理办公会、安委会制度，为议事能力强、能够充分反映一线职工意愿的代表有序参与公司治理创造了条件。

二、聚焦激励争先，探索打通产业工人职业发展通道

围绕打破管理与工程技术岗位、生产操作岗位之间的身份壁垒，改革人事管理体制和薪酬激励办法，创新分配激励机制，完善高技能人才选拔任用、表彰奖励等制度，选拔任用产业工人从事管理与工程技术岗位工作，优化产业工人技术等级晋升路径，拓宽人才流动渠道，提高高技能人才津贴，疏通产业工人职业发展通道。修订和新出台多项有关制度。产业工人薪酬保持一定比例增长，绩效和岗位工资重点向一线工人倾斜。

制定《选聘首席职工实施意见》《先进集体、先进个人评选表彰实施办法》《对省部级及以上劳模先进获得者的奖励意见》，建立金隅集团首席职工（首席工匠）—劳模先进—大国工匠的培养途径，每年评出 300 余名首席职工和 360 名优秀员工，评选向产业工人队伍倾斜并加大奖励力度，为首席职工每人按月发放津贴 600 元，周期一年，一次性奖励劳模先进 20000 ~ 50000 元，一次性奖励优秀员工 3000 元，并通过各类宣传载体广泛宣传劳模先进和优秀员工事迹，专门设立宣传展示窗。近年来通过选树，2 人荣获"全国劳动模范"

称号，2 人荣获“全国五一劳动奖章”，25 人荣获“省部级劳动模范”称号，连续两届 2 人荣获“北京大工匠”称号，进一步提升了产业工人的荣誉感和自豪感，营造了尊重劳模、学习劳模、争当先进的浓厚氛围。

三、聚焦改革创新，全面提高产业工人整体素质

以实用型、现场化为方向，坚持深化职业技能培训工作改革，积极推进工种实训基地建设。积极构建产业工人技能评价体系、改进技能等级评价方式，优化职业技能等级标准和评价规范，扎实推进高技能复合型人才培养工程，大力培养“维修多能”“运检合一”和“复合型作业”人才。金隅集团有一套完整的培训体系，自建的职工实训中心（京才人才公司）可用于开展培训，对外承接培训服务，有专业的培训团队组织开展培训服务。为更好地培养金隅集团各层次人才队伍，组建金隅大学服务集团战略、打造精英团队，培养对象为金隅集团核心人才，在此框架内，有学历教育产品线、领导力提升产品线、专业力提升产品线、能力提升产品线等多条针对不同需求层次的培训方案，每年第四季度进行报名，审批后次年按计划组织实施。坚持完善高技能人才考核评价办法，实现了技师津贴动态考核、动态发放、动态管理。不断开发适合产业工人学习的网络课程，加大“直播课”在网络课程中的比重，为产业工人学习提供了便利条件。

金隅集团在“十三五”期间组织举办、冠名承办、参与支持全国水泥、混凝土等行业引领性劳动和技能竞赛 10 余次，组织职工多次参与京津冀等省市职工职业技能大赛，参与职工 3 万余人次，取得 11 枚金牌、21 枚银牌、49 枚铜牌，多次被评为全国、省级行业劳动和技能竞赛优秀组织单位。积极改进劳动竞赛组织、评估、激励、保障等工作体系，通过动员全体职工参与劳动和技能竞赛，全面调动职工劳动的积极性、主动性、创造性，紧扣公司发展战略和经营目标任务，以“当好主人翁，建功新时代，为实现公司高质量发展目标建功立业”为主题，要求所属企业积极开展劳动竞赛，助推集团高质量完成“百

日攻坚”目标任务。紧紧围绕企业和产业工人对职业技能的需求，采取“技师工匠上讲台”“网上练兵”“练绝活当能工巧匠”等方式，大力开展师带徒、岗位练兵、技能比武、团队对抗赛等活动。2021 年举办北京市级职工职业技能比赛，涉及工种 2 个，参与职工 1000 余人次。

不断完善职工技术创新活动机制，融合推进科技创新与职工技术创新工作，广泛吸收一线工人参与重大科研项目。持续强化和改进班组建设工作，夯实公司管理基础。举办班组建设现场观摩经验交流会，交流班组建设经验、现场参观班组建设状况，编印交流材料供其他班组学习。开展“对标先进，找差距、补短板，全面提升班组建设水平”活动，要求所有班组对标先进、查找不足，提高班组建设工作水平。开展班组长综合素质技能竞赛，同步组织理论与实际操作比赛，进一步提高班组长综合素质和核心工作能力，使班组建设更加符合公司高质量发展的需要。

四、聚焦工作热点，科学维护产业工人合法权益

深入推进民主管理与民主监督工作，认真落实以职工代表大会为基本形式的民主管理制度，全面审议涉及产业工人切身利益的重大问题，坚持和完善职工董事、职工监事制度，持续推进集体合同制度，积极健全劳动关系协调机制，扎实推进厂务公开、班务公开，健全厂务公开多级网络，依法保障产业工人的知情权、参与权、表达权、监督权。完善班组民主管理员制度，发挥班组民主管理员作用。依法推进产业工人队伍职业教育，完善经费提取投入机制，依法、依规、用足、用好职工教育经费。持续加强安全生产和职业健康监督管理，大力整治事故隐患和职业病危害作业点，加强一线产业工人安全教育培训，切实维护产业工人的安全健康权益。构建困难职工三级帮扶体系，为在岗职工购买补充医疗保险。深入实施独具金隅集团特色的职工健康工程，扎实推进健康教育、健康管理、健康体检、健康行动，有效提高了一线产业工人的身心健康水平。大力弘扬金隅集团文化，近年来公司艺术团主创助力企业生产

经营、凝聚团结重组企业、助力疫情防控、脱贫攻坚等歌曲、小品、相声作品约30首（部），组织集团第九届职工运动会，共81个企业代表队5000余人参加。

五、聚焦工作进展，充分发挥工会组织牵头作用

工会组织充分发挥组织、协调和牵头作用，牵头组织各部门、相关单位讨论和起草《实施方案》，广泛征求经营层和基层一线意见和建议。认真履行产改办职责，建立上传下达、材料报送、意见征集、工作协调推进机制，组织召开协调推进工作会议；组织工作人员到基层督导、调研各单位工作，促进工作深入开展；开展产改理论研讨文章和调研报告征集评选活动，及时收集工作中存在的问题，定期召开工作推进会，将工作情况向领导小组汇报，实现了上下联动、整体推进的良好局面。坚持以身示范，率先完成自身承担的任务，先后修订制度7项，不断创新工会工作方式，建立完善了工会联系与服务基层车间、班组和一线工人的长效机制，强化了班组建设与班组民主管理，形成了面向基层、服务职工、运转高效的工作格局，为产改工作的顺利推进奠定了基础。

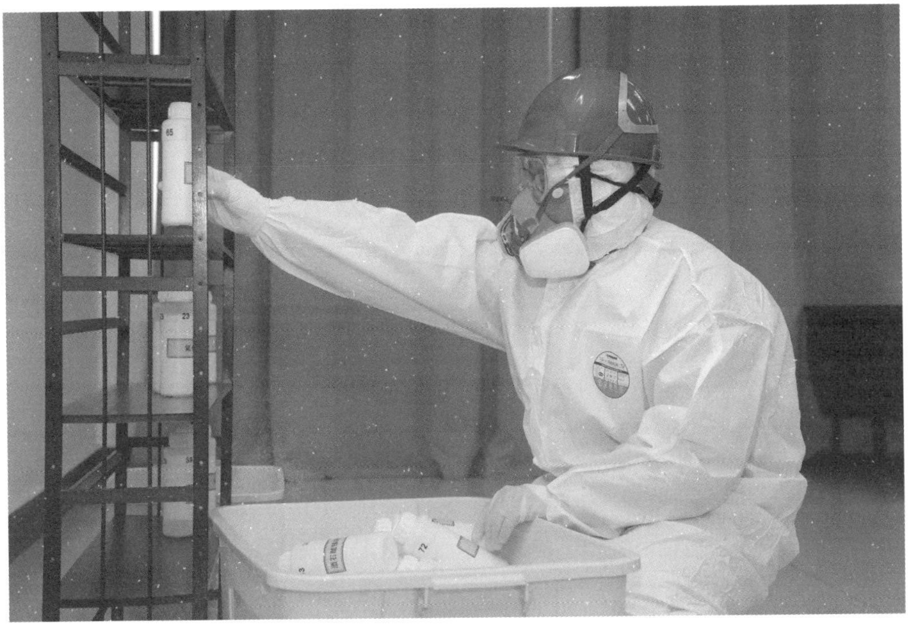

“金隅杯”危险废物处理工技能竞赛

2021年北京市职工职业技能大赛“金隅杯”智能楼宇管理员（弱电方向）竞赛

“致敬劳动者 建功十四五”表彰大会暨北京市职业技能竞赛启动仪式

中华全国总工会“送教到基层”工会干部培训班

融入中心创新发展　建设新时代的工人队伍

华新水泥股份有限公司

华新水泥股份有限公司（以下简称“华新”）始创于1907年，被誉为“中国水泥工业的摇篮”，是我国水泥行业具有百年历史的龙头企业。近年来，公司通过实施纵向一体化发展战略、海外发展战略、环保转型发展战略，实现了持续快速稳定发展，完成了由传统水泥生产企业向绿色环保企业的转型升级。目前在全国十余省市和海外建有250余家分（子）公司，名列“中国制造业企业500强”和“《财富》中国500强”，现有职工16500余人。

2017年，中共中央、国务院印发《新时期产业工人队伍建设改革方案》，明确了建设宏大的知识型、技能型、创新型劳动者大军的奋斗目标。华新一直高度重视产业工人队伍建设，根据改革方案并结合公司实际，先后出台了《劳动竞赛、技能竞赛方案及奖励规定》《业务领头人实施方案》《技师、高级技师评聘管理办法》《薪酬福利调整方案》《员工奖励管理办法》等一系列规章制度，开展了“争创十佳能手”劳动竞赛、“五年倍增”劳动竞赛、年度岗位技能大赛、知识分享及最佳实践活动、“华新杯”系列文体活动和主题宣教活动，有计划地稳步推进工人队伍素质提升，引导广大员工建功立业，积极化解转型升级用工风险，主动解决员工利益诉求，有效地推进了产业工人队伍建设改革，有力地促进了企业改革发展各项工作，实现了企业与员工的共建、共享、共发展。

一、加强思想政治引领，发挥典型带动作用，打造昂扬向上的企业文化，引导激励员工为公司转型发展中心工作贡献力量

一是弘扬劳模精神，构筑精神“高地”，营造“比、学、赶、帮、超”的实干氛围。我们建立党委领导、行政支持、工会组织、员工参与的劳模评选机制，每年开展劳模先进评比工作，坚持工作业绩突出、先进事迹突出、感召力和影响力突出的标准，面向艰苦生产一线、科研、技术岗位，在立功竞赛、技术攻关、创新创效等活动中培养先进、选树劳模，在年度总结表彰大会上大张旗鼓进行表彰，彰显“爱岗敬业、争创一流，艰苦奋斗、勇于创新，淡泊名利、甘于奉献”的劳模精神，引导广大员工立足本职建功立业。对受表彰的劳模先进，我们在学习提升上提供更多机会，在职务职级晋升和薪酬调整上优先考虑，并充分利用华新网、报纸、期刊以及微博、微信等媒体平台加强宣传，努力使劳模形象和劳模精神进基层、入班组、到岗位，扩大劳模先进事迹的影响力和价值体现，点燃广大员工学赶先进、奋勇争先的激情，唱响劳动伟大、劳模光荣的主旋律。此外，我们在公司上下通过寻找、表彰、宣传“最美华新人”个人和团队、先进能手，树立了一大批“身边的榜样”，激励了广大员工以劳模先进为榜样，奋力建功新时代。

二是建设特色文化，增强企业活力，营造积极向上的人文氛围。

近年来，我们按照“群众性、文化性、创新性”活动原则，开展了“华新杯”篮球联赛、乒乓球比赛、双升比赛、网球比赛等多项大型群众性文化体育活动。同时，我们每年根据公司发展需求，确定一个主题广泛开展“中国梦·劳动美”主题宣传教育活动，近年来我们结合新中国成立70周年、疫情防控和复工复产、中国共产党成立100周年等重大节日和事件，开展了一系列员工喜闻乐见、感召力强、参与度高的企业文化宣教活动。

在各项文体活动中，我们始终坚持将企业文化核心理念体现在活动的各个

环节，利用活动载体宣传企业文化、倡导企业文化、践行企业文化、认同企业文化，在寓教于乐的过程中使员工树立正确的价值导向，提升团队凝聚力和战斗力。2017 年我们组织“健步走华新”网络公开赛，为了将企业文化融入活动中，我们结合公司分布区域，设计了六条区域虚拟路线，以公司企业文化核心理念为基础，开展“健步行，展风采”工厂名片征集及征文宣传活动，为各单位提供了企业文化展示和交流的大舞台，有力推动了公司企业文化的融合发展。各单位还将健步走与生产经营工作有机结合起来，引导、鼓励广大员工结合自身岗位实际，围绕安全生产、现场管理、市场营销等工作开展安全、消防、巡检、访客户健步走，通过“勤动腿”及时发现、排查安全隐患，建立良好客情关系，有力促进了公司生产经营管理，放大了活动应有的功效。

二、充分发挥主人翁作用，组织动员广大员工建功立业，推动公司高质量发展

近年来，华新工会紧紧围绕公司发展战略，积极组织开展以“争创十佳能手”为中心的劳动竞赛、技能竞赛和知识分享活动，各项工作取得了新突破、新进展、新成效，有力推动了公司高质量、高速度、高效益发展。

一是公司工会以“争创十佳能手”劳动竞赛活动为中心，围绕公司重大战略、重大工程、重大项目、重点业务持续组织开展劳动竞赛活动。通过对各岗位进行“十佳技术能手”“十佳操作能手”“十佳点子王”“十佳销售能手”“十佳管理能手”的月度、季度、年度排名表彰，极大地激发了广大员工的劳动积极性，营造了浓厚的“比、学、赶、帮、超”的劳动竞赛氛围，为推动公司实现高质量发展发挥了重要作用。2017 年以来，共有 230 名员工通过劳动竞赛获得公司劳动竞赛十佳能手，1 家单位荣获“全国工人先锋号”，1 人荣获“建材行业劳动模范”称号，4 人荣获“省级劳动模范”称号，取得了丰硕的成果。

二是坚决贯彻中共中央、国务院《新时期产业工人队伍建设改革方案》和

水泥行业技能竞赛规划，结合公司发展战略，大力开展一线技术工人的技能培训和竞赛活动。2017年以来，相继在全公司范围组织了窑操、磨操、物理检验、化学分析、电工、钳工、焊工等多岗位技能培训和竞赛活动。通过积极协调公司出台有关政策，对技能大赛优胜者给予先进荣誉奖励、职级晋升和特殊薪酬调整等政策，极大地激发了员工参与技能竞赛的积极性。从2018年开始，在连续三年的全国技能竞赛二级竞赛——水泥行业技能竞赛活动中，公司共计组织了5000余名员工参赛，并对143人进行了理论和实操的赛前集中培训提升，累计获得8枚金牌、7枚银牌、22枚铜牌，3人荣获“全国技术能手”称号，1人荣获“全国五一劳动奖章”，连续三年荣获全国水泥行业技能竞赛团体一等奖、优秀组织奖，取得了骄人的成绩，为公司赢得了声誉。

三是引导激励广大员工分享知识和经验，为公司生产运行排忧解难。面对工厂分布点多面广、员工技术参差不齐、工厂内部生产问题得不到快速解决、公司内部优秀成果无法快速分享的现状，2019年公司工会大力投入开发了“乐问”知识分享平台，通过员工在线提问、回答生产技术等实际问题，打破了生产技术上的交流互动壁垒，不仅及时解决了大量的实际生产技术问题，降低了员工获取企业内最佳技术知识和经验的门槛，同时还推动了公司内“最佳技术实践”和小发明、小创造、小革新、小设计、小建议的成果应用，有效地促进了公司的知识转化效率，得到了公司和员工的充分肯定。两年来，“乐问”知识分享平台累计访问人次达480万、访问人数达190万，汇编分享优秀成果406个，获得了黄石市总工会工作创新项目一等奖，受到了《黄石日报》、黄石电视台等主流媒体充分报道，得到了黄石市专家组的高度认可，取得了良好的经济和社会效益。

三、建立多层次人才培训体系，提高员工业务技能水平，为实现公司战略目标提供强有力的人力资源支撑

一是完善培训管理制度，形成员工技能培训长效机制。2016年公司通过

合益岗位价值评估方法对全公司3268个岗位、12656名员工进行全面评估，根据公司发展需求，结合公司内部人才结构和盘点情况，进一步完善专业培训体系，成立了管理培训、技术培训、营销培训、采购培训和安全培训五大专业培训团队。修订《华新水泥股份有限公司培训管理制度》，对培训课程体系与培训形式、培训组织与管理、培训管理流程、学分管理、培训师管理、培训费用等内容作出了详细规定。在培训费用方面，明确了培训费用按工资总额的2.5%提取；在培训考核运用方面，规定了员工的培训记录作为员工任职、晋升、薪酬调整的依据之一；在培训管理方式方面，按学分制管理，其中每年生产类职位序列员工最低要达到30学分，管理类职位序列最低要达到50学分；在职工培训师建设方面，规定了内部培训资格认证程序，这些规定为员工技能培训有序开展打下了良好基础，保证了培训工作的长期、持续进行。

二是开展“网上+现场”多层次差异化培训，满足员工多样化的培训需求。为了适应公司点多面广、员工流动频繁的特点，公司与“中欧教育”合作全面更新升级公司在线管理培训学习平台，平台中涵盖领导力、人力资源、市场营销等70余门管理课程。2016年以来，每年总计5000余人次参加了在线管理课程的培训，有效提升了各级管理人员的实际管理水平。公司技术部门还建立了水泥工业空间论坛，为职工技术交流提供在线平台，实现了在线诊断、在线处理故障培训功能。

公司非常重视对培训硬件设施的投入，建设了实用型技能人才的培训基地——华新培训学院。华新培训学院可同时容纳500人开展培训活动，配备培训教师、模拟车间、实训车间等教学设施，以此为依托，公司持续开展面向维修工程师，初、中、高级维修工、润滑工、焊工，培训师，班组长等的培训项目。2016年以来，培训学院共培训4047人次，培训总学时达到15余万小时，进一步提升了一线员工的专业技术理论知识与实践操作技能，培训学院也被省政府命名为“企业职工培训示范基地”。

四、竭诚服务职工，为员工解难事、办实事、做好事，提升员工的安全感、获得感、幸福感

近年来，华新工会把以职工为中心的工作导向落到实处，紧紧围绕职工群众最关心、最直接、最现实的利益问题，最困难、最操心、最忧虑的实际问题，扎扎实实为职工群众做好事、办实事、解难事，以优良作风解决职工“急难愁盼”问题，努力增加广大职工福祉，满足职工群众利益，促进了职工群众安全感、获得感、幸福感的不断提升。

一是扎实做好困难职工帮扶救助工作。坚决贯彻国家扶贫脱困工作精神，大力推进公司困难职工解困脱困工作。通过实施帮扶救助工作常态化、动态化、规范化管理，实现了困难职工入库、精准帮扶、应帮尽帮。通过组织发动各级工会干部深入困难员工家中，开展送温暖、“金秋助学”、大病困难救助等形式多样的走访慰问、捐款救助等帮扶活动，落实大病困难救助等精准困难帮扶措施，缓解了困难员工的燃眉之急。推进女职工特殊利益保障，扩大女职工互助安康基金救助使用范围，惠及更多大、重病困难女职工。近年来，累计争取上级帮扶资金 40 余万元，救助特困员工 38 人，脱贫解困员工 35 人，公司工会和基层工会共计帮扶困难员工 1500 余人次，帮扶金额达 300 余万元，切实把党和公司的温暖送到了员工心中。

二是聚焦员工对美好生活的向往，着力提升员工获得感、幸福感。持续开展员工休养活动，在原有珠海员工休养中心的基础上，新建运营了云南昆明员工休养中心，通过加强休养活动的过程管理，不断提高员工休养服务水平，2016 年以来累计接待休养员工及家属 5895 人次，员工满意度不断上升。不断创新“华新杯”文体活动组织方式，首次采用线上网络方式组织开展了“健步走华新”活动，共有 12000 余名员工参加了网上健步走活动，成为公司历史上参与员工最多、规模最大的文体活动。进一步扩大文体活动参与面，坚决贯彻以班组、车间为单位组织活动的原则，组织开展“华新杯”健步走、篮球

联赛、乒乓球锦标赛、羽毛球赛活动，员工文体活动参与率大幅提高。加强文体活动与企业文化活动的结合，在文体活动中开展了“工厂名片”“同唱一首歌”“不放弃视频”等企业文化活动展播，有效促进员工了解华新、融入华新、奉献华新，充分诠释了“爱祖国、爱华新、我运动、我快乐”的“华新杯”活动精神。

三是抗击新冠肺炎疫情，确保员工的生命健康。新冠肺炎疫情暴发后，公司工会闻令而动，迅速开展疫情防控工作，发出《关于防控新冠肺炎疫情的倡议书》，号召全体员工坚定不移地把公司各项防疫决策部署落到实处。及时开展网上防疫知识答题活动，引导广大员工学习掌握疫情防控基本知识，形成正确预防观念。开展疫情专项慰问，给滞留、感染员工送去公司的关怀鼓励，第一时间看望慰问坚守在生产运行和处置医废一线的员工，增强了广大员工战胜疫情的信心和决心。我们加强正面宣传引导，对疫情期间涌现出的先进人物、集体进行了大力宣传，树立身边的典型，发挥榜样的力量，激励广大员工学先进、赶先进，充分调动大家的积极性、主动性、创造性，进一步坚定了职工追赶目标、争创业绩的信心，为疫情防控、复工复产、追赶目标作出了重要贡献，充分彰显了广大员工和工会组织的责任担当。

五、深入开展维权服务工作，促进企业劳动关系和谐稳定

近年来，华新工会坚持和完善以职工代表大会为基本形式的企事业单位民主管理制度，积极参与审议公司有关员工切身利益的重大事项，针对公司《员工违纪违规处分管理办法》《员工奖惩管理办法》《员工手册》等涉及员工切身利益的管理制度，公司工会通过广泛征求基层员工意见，提出了 50 余条修改意见和建议，确保了有关管理制度的平稳实施。持续开展工资集体协商工作，积极落实与人力资源的沟通体系，通过开展调研、协商、专题报告，促成了“普调 + 业绩调薪”方案的落地。2017 年以来，一线员工的薪酬稳步提升，平均年增幅达 12% 以上。积极组织员工参与企业安全民主管理，与安全

部门合作开展安全知识竞赛活动，努力提高员工安全意识，依法参与工伤调查工作，妥善处理了有关争议。从源头参与由于企业并购、产能置换而产生的员工分流安置工作，提前介入有关劳动争议处理，有效地维护了企业劳动关系和谐。切实保护女职工合法权益和特殊利益，着力打造女职工维权、生活、健康和情感“四个关爱”工作品牌，让职工群众真正感受到工会是“职工之家”，工会干部是最可信赖的“娘家人”。

华新将以学习交流为契机，以义不容辞的使命感、勇于担当的事业心和奋发有为的创造性，更好地运用各方面资源，努力推动产业工人队伍建设改革，切实肩负起团结引导员工听党话、跟党走的政治责任，坚定维护以习近平同志为核心的党中央权威和集中统一领导，释放“工人伟大、劳动光荣”正能量，组织动员广大产业工人为实现“两个一百年”奋斗目标、实现中华民族伟大复兴的中国梦更好地发挥主力军作用。

建设特色企业文化

开展各级技能竞赛（1）

开展各级技能竞赛（2）

构建产业工人技能形成体系 做强企业创新发展骨干力量

吉林亚泰（集团）股份有限公司

吉林亚泰（集团）股份有限公司（以下简称“亚泰集团”）认真贯彻落实党中央、国务院《新时期产业工人队伍建设改革方案》要求，秉承“以人为本”的经营理念，践行“为社会创造价值、为员工创造未来、为股东创造收益”的企业宗旨，结合自身产业多元化、工种多样化的特点，将产业工人技能形成体系作为新时期产业队伍建设改革的重点，以此带动全集团产业工人素质的整体提升，壮大企业创新发展的骨干力量，进一步发挥产业工人队伍在产业升级、人才强企、创新驱动等方面的重要作用。

亚泰集团现有员工 18000 余人，其中产业工人 12000 余人，占员工总数的 2/3，分布在十几个行业、200 余个工种，技能人才 9000 余人，高技能人才 1700 余人，高技能人才占比 18.8%。近五年来，培训技术工人 5000 余人，新培养技师和高级技师 700 余人。两次承办吉林省首席技师大赛 15 个建材行业工种的比赛，多次承办市级职业技能大赛，涌现出吉林省首席技师 56 人，其中有 14 人被授予“吉林省五一劳动奖章”。

一、领导重视，制定规划，分级落实

亚泰集团一直重视工人队伍建设，自第一个“五年规划”（1995—2000年）到第六个“五年规划”（2021—2025年），一直把产业工人队伍建设工作列入企业人力资源发展规划中，并在年度计划中分级组织落实。

为贯彻国家关于新时期产业工人队伍建设改革要求，作为企业经营发展的一项重要任务，亚泰集团以工人技能形成体系为聚焦点，以提升技能等级水平为着力点，以建设三个平台（培训平台、竞赛平台和工作室平台）为载体，以打造一支“结构合理，素质过硬，效率至上，技艺突出”的技能人才队伍为核心目标，在亚泰集团各产业分工种、分层次落实。

亚泰集团对人才的培养十分重视，已将技工队伍建设摆在了重要的战略位置。2015年，亚泰集团董事长、总裁宋尚龙提出了建设“6789”人才工程，作为公司人力资源战略发展的重点工程，技能人才队伍建设是重点工程项目之一，主要目标是提升高技能人才占比，打造“亚泰工匠”，保持各工种产业职工技能等级结构合理，并不断提升职工素质。

2018年，亚泰集团承办了长春市职工技能大赛——水泥中控操作员市级职业技能竞赛，其中决赛阶段参赛58人。2019—2020年，组织开展了三项技能大赛，包括在亚泰长春建材园举办的“长春市装配式建筑行业职工技能大赛”，大赛吸引了中建科技、长发建筑、南通六建、省安装集团、亚泰建筑和亚泰集团等多家同业单位参赛，两年共选拔了近20个队、近百名选手参加决赛。通过技能大赛激发了员工“学技术、练技能、比贡献”的热情，有力推动了青年员工弘扬工匠精神，走技能成长成才之路的信心和决心。

二、树立标兵，项目引领，全面带动

2018年7月，亚泰集团隆重召开了优秀技能人才表彰大会，吉林省、长春市广播、电视台，中国吉林网等新闻媒体进行了跟踪报道。会议上对两个省级首席技师工作室和两个师徒工作间进行了命名授牌，包括建材行业的“柴丹首席技师工作室”和“林星文首席技师工作室”，成为广大技能人才学习追逐的楷模。

亚泰集团在树立标兵、榜样引领的基础上，重点通过三个项目工程，全面带动技能人才素质提升。

一是突出抓好“首席技师工作室”项目工程。亚泰建材集团是东北地区规模最大的建材生产基地，是全国水泥行业首批“国家环境友好企业”和“循环经济试点企业”，为保证在行业的领先地位，提升产品质量，亚泰集团完成建设 1 个“国家级首席技师工作室”和 3 个“省级首席技师工作室”，重点对电气运行、水泥制成、化学分析等关键技术进行攻关克难，并采取首席技师带徒传技开展技能推广的方式，加快技能技艺的传承，打造更多技艺精湛的亚泰工匠，提升生产操作人员的整体素质和人均效能。

二是重点抓好“师徒工作间”项目工程。亚泰建材集团结合自身经营业态的实际情况，完成建设 3 个独具特色的“师徒工作间”，分别是水泥熟料生产、粉磨站工艺和混凝土师徒工作间，“师徒工作间”的建设为传承技艺搭建了平台，培养了百余名具有产业特色的高技能人才。

三是创新做好新型学徒制工程。亚泰集团被吉林省人力资源和社会保障厅确定为企业新型学徒制试点单位，培训人员 600 余人，主要以新招用和新转岗人员为培养对象，采取企校双师带徒、工学交替的培养模式，培养内容主要包括专业知识、操作技能、安全生产规范和职业素养等。在培养模式和工学交替的方式上，选择理论和实践经验丰富的企业中高级技术人员以及优秀的高技能人才充当导师，每名导师明确带徒数量和目标，签订了师带徒协议，并结合目标实现情况，对导师实施一定的激励，保障和促进新型学徒制规范和向更高水平发展。

三、发挥优势，自主评价，服务社会

亚泰集团创办了职业培训学校、企业培训中心、线上培训平台等多种培训资源，具有开展多元化培训的优势。亚泰职业培训学校现有实习实训指导教师共计 500 余人，其中专职指导教师 300 余人，在专业技能培训、实习实训课程开发等方面经验丰富，近三年来每年组织各类人员培训 5000 人次以上，在专业特色上以开展装配式建筑制作工、水泥混凝土制品工、水泥生产工等实训和人才培养为重点，每年接收实训、实习生 1000 人以上。装配式建筑制作工、水泥混凝土制品工的实训主要依托亚泰建材集团在长春、沈阳、哈尔滨、大连的 4 个建筑工业化制品产业园，发挥“国家级装配式建筑产业基地”优势。水泥生产工的实训主要依托亚泰双阳国家级技术研发中心和亚泰明城省级技能大师工作室，发挥专业技术人才、岗位技术能手在实习实训指导方面的经验。

2020—2021 年，亚泰集团取得了水泥生产工等职业技能等级自主评价试点单位资质，并获得了人力资源管理师等职业（工种）的技能等级对外评价资格，为技能人才自主评价和社会服务提供了有力保障。2020 年，亚泰集团组织开展了水泥生产工、企业人力资源管理师等职业（工种）的职业技能认定，以“互联网 +”培训模式为主要形式，培训认定技能人才 1500 人，提升了集团高技能人才比例，全面完成了政府下达的职业技能提升目标。2021 年，亚泰集团面向内部子公司和外部企业，组织完成技能等级认定报名 2000 余人，有力促进了吉林省区域技能人才素质提升工作，为社会技能人才素质提升作出了积极贡献。

未来，亚泰集团将大力弘扬劳模精神、劳动精神、工匠精神，做大人才工程，做强技工队伍。亚泰集团计划在第六个“五年规划”期间，在工人队伍中实施专家精英工程，到 2025 年，计划新培养技能人才精英 200 名，即培养优秀的技能操作青年员工，提升其解决专业问题的能力和专业素质，发挥他们在亚泰集团创新发展中的技术支撑和攻坚作用。配套完善激励机制，提高技能人才的政治地位和收入水平，激发他们创新、创利、创财富的积极性和能动性，成为企业创新发展的中坚力量。

2021年度亚泰集团专业技术职称评审委员会

2021年职业技能大赛商品混凝土泵车操作员大赛项目——遥控臂架扎气球

亚泰集团承办省市技能大赛启动暨优秀技能人才表彰大会

长春市2019年装配式建筑行业技能大赛混凝土预制构件制作

以产业工人队伍建设改革项目试点为契机助力职工与企业共成长

南京玻璃纤维研究设计院有限公司

习近平总书记强调："工人阶级是我国的领导阶级，产业工人是工人阶级的主体力量。要从巩固党的执政基础的高度，从促进我国经济社会持续健康发展的高度，加快产业工人队伍建设改革。"党的十八大以来，习近平总书记围绕推进产业工人队伍建设改革、提高产业工人队伍整体素质、维护产业工人合法权益、保障产业工人主人翁地位、发挥产业工人作用等，提出了一系列新思想、新论断、新要求，明确指出"技术工人队伍是支撑中国制造、中国创造的重要基础，对推动经济高质量发展具有重要作用"。学习贯彻习近平总书记关于工人阶级和工会工作的重要论述，要求我们从全局和战略高度，深刻理解推进产业工人队伍建设改革、培养新形势下高技能人才的重要性和紧迫性，必须准确把握推进这项改革面临的新形势、新任务、新挑战。

近年来，南京玻璃纤维研究设计院（以下简称"南京玻纤院"）工会在中国机械冶金建材工会的领导下，按照中国建材集团工会、江苏省教育科技工会等上级工会部署要求，聚焦"三提升、两突破、一体系"的目标任务，即实现职工队伍整体素质、创新效能、待遇地位"三提升"；促进企业"双师型"人才队伍建设与区域技能人才培养"双突破"；形成具有玻纤行业特点和企业特色的产业工人队伍建设改革制度体系。明确 3 个方面 9 条措施 21 个子项目，坚持“党委领导，工会牵头协调，相关单位部门主导实施”的工作原则，推动一线工人、一线技术人员产改实现全覆盖，有效激发南京玻纤院的发展活力和动力，南京玻纤院创新发展、和谐发展的局面进一步巩固，经济效益迈上新台阶。核心竞争力得到增强，先后获国家科技进步奖一等奖 1 项、二等奖 1 项，国家技术发明奖二等奖 1 项，国防科技进步奖一等奖 1 项，教育部科技进步奖特等奖 1 项，中国专利金奖、银奖各 1 项，制定国际标准 3 项，研制的新材料助力长征五号 B 型运载火箭成功首飞和国产大飞机发动机研制，承担 8 项国家“卡脖子”技术攻关项目。重要影响力得到扩大，获中共中央、国务院、中央军委等六部委授予“突出贡献单位”，获“中国质量奖提名奖”“江苏省省长质量奖”，获批建设“全国碳纤维标委会”“国家复合材料行业检测评价中心”，获评“国家知识产权优势企业”。强大凝聚力得到巩固，获“第六届全国文明单位”“全国企业文化建设最佳实践企业”“全国模范职工之家”“江苏省文明单位”“江苏省社会责任示范企业”“集团六星企业”“集团十佳党建品牌”“集团先进基层党组织”等一系列称号，并取得一批企业文化成果和管理现代化创新成果。

一、建立“三个保障”机制

一是组织保障。南京玻纤院党委以习近平新时代中国特色社会主义思想为指导，贯彻中共中央、国务院以及江苏省委、省政府关于产业工人队伍建设改革的决策部署，落实《江苏产业工人队伍建设改革试点工作方案》，制定《南京玻纤院产业工人队伍建设改革项目试点实施方案》，明确“党委领导、行政支持、工会牵头、各单位配合”的组织框架，成立由党委书记任组长，董事长和纪委书记任副组长的领导小组，下设专项办公室，负责对产业工人队伍建设进行宏观指导、政策协调和组织推进。组织人事部、技能鉴定站、工会和各单位人力资源管理部门打破部门界限，形成整体合力，制定发展战略、人力资源规划、员工激励计划等多方联动机制。在此基础上，院党委书记与产改工作重点责任部门负责人、党（总）支部书记签订“产改项目试点工作目标责任书”，全面强化责任落实。

二是制度保障。建立南京玻纤院《技能人才管理办法（拟）》《项目收益预分红办法（试行）》《扩大实施项目收益分红激励暂行办法》《开展“厉行节约、提质增效及合理化建议”活动实施方案》《合理化建议项目申报、评审及奖励办法》《岗位能手评选办法》《首席工人评选办法（试行）》《青年创新平台实施办法》《职工技能鉴定工作方案》，修订《科研项目管理办法》《技术革新、工程设计奖励办法》等系列制度以及相关奖励激励办法，形成产业工人队伍建设制度体系。

三是经费保障。每年投入约50万元开展各层级劳动技能竞赛和合理化建议活动，投入20多万元用于奖励“岗位能手”“首席技师”“双师”人才，投入约150万元支持青年创新平台项目实施，另投入20多万元用于职工技能鉴定，实行项目收益分红160多万元。

二、实施“三个机制”创新

一是搭建一线工人成长机制。建立“院士、专家、工程师、工匠”四级人才培养机制。完善人才技术序列评价体系，建立岗位能手推选机制。在科研项目管理中，设立“双项目负责人制”，鼓励“双师型”人才主持或参与主持科研项目。建立一线工人职业发展通道，将工人分为七个层级：首席技师、岗位能手（创新、技术、操作）、高级技师、技师、高级工、中级工、初级工，明确各层级评定及聘任办法。对技师以上技能人才采取聘任制，实施年度考核。建立一线工人与技术、管理岗位价值对等机制，首席技师对应主任级技术岗、实体经营班子副职，岗位能手对应一级工程师、实体部门正职，高级技师对应二级工程师、实体部门副职或重要主管，技师对应三级工程师、一般主管，高级工对应四级工程师、专员或助理。完善政治和经济待遇提升机制，落实一线技术人员、技术工人政治和经济待遇，提升政治地位，优化党员结构，一线技术人员、技术工人党员占比增长率不低于10%。推选优秀技术工人代表兼任工会副主席，提高技术工人、技术人员在党代会、职代会中代表的比例，增长率不低于10%。提升经济待遇，在单位效益增长的情况下，确保一线技术人员、技术工人平均薪酬水平保持较高增长，纳入院集体合同。大力推进劳模工匠创新工作室建立，目前已创建3个劳模工匠创新工作室，完成科研项目8个，申请专利6个，发表论文4篇，节约成本约350万元。开展“创新能手、技术能手、操作能手”和“首席工人”评选，评选岗位能手28名，首席工人12名。

二是搭建“双师型”人才管理及激励机制。制定《技能人才管理办法》，推动助理工程师、工程师、高级工程师职称实现对应职业（工种）高级工、技师、高级技师职业技能评价，建立和完善相关保障机制和激励机制。对同时获得技师及以上和工程师及以上的“双师”，工会一次性奖励5000元，明确高级“双师”或优秀“双师”至少参加一次国际交流或调研，在职称评审中级委员会专门增设1名“双师型”评定专家，鼓励“双师型”人才主持或参与科研项目。目前，1人获得高级技师，26人获“双师”资格（技师、工程师），申报科研项目2项，申请专利10个，策划拍摄的“双师型”人才成长微视频获“全国民主管理微视频”三等奖。

三是搭建产业工人创新工作机制。完善项目收益分红激励机制。研发项目实行全成本核算，参照实体单位运营模式，在实现科技成果转化取得净收益后，按照“六分法”对获得的利润实行50%～70%分配给个人，其余留给单位、职能部门、后续发展基金。创新孵化模式机制，探索三种创新孵化模式，激发一线技术人员投入创新活动中。成立“院、省、行业”三级创新中心，践行“四个六”创新机制，制定投融资与激励等特色创新制度，保障创新过程高效实施。引入6个创新团队，转化1个创新成果，形成“养儿、嫁女、托养”三种模式。“养儿”模式：围绕公司主导产业，开展“卡脖子”与前沿技术攻关，未来成果内部实施转化；“嫁女”模式：项目符合国家产业发展方向，但非公司主导产业的技术，通过知识产权运营对外实施转化；“托养”模式：引入外部优质项目，给予政策和资源支持，成果以对外实施转化为主。

三、强化“六个平台”建设

一是打造劳动技能竞赛平台。常态化开展比管理、比创新、比效能、比技能、比知识“五比”竞赛活动，成功举办30余次涵盖40多个岗位的劳动技能竞赛，参与人次超2400人，有效推动岗位效率和职工技能提升。2021年，成功筹办首届江苏省玻璃纤维及制品工职工技能竞赛，通过劳动技能大比武，激发了广大职工投身创新发展的热情，培养了一大批爱岗敬业、钻研技能的高素质技能型人才，涌现出“全国技术能手”，江苏省“五一劳动奖章”“技术能手”“五一创新能手”，全国纺织行业“技术能手”近10人，同时通过竞赛有4人技能等级晋升为技师，11人晋升为高级工，有效促进了职工成长成才和南京玻纤院全面可持续发展。

二是打造合理化建议活动平台。围绕科技创新、技术革新、质量提升、精益管理和风险防控，开展不同主题的合理化建议活动。通过职工技术经济委员会，组建专家评审组，建立健全合理化建议管理制度，制定合理化建议项目《申报、评审及奖励办法》，从初期的启动、征集，到中期的监督、实施以及后期的评审、奖励、推广、“回头看”，全部实行程序化管理。近年来，累计实施合理化建议项目150项，获江苏省职工“十大先进操作法”1项、江苏省职工“十大发明专利”1项、中国年度专利优秀奖1项，7个项目获江苏省总工会或教科工会“金点子”、优秀合理化建议等奖项，10个项目获建材行业技术革新奖等，获授权专利近100项，创造效益3000多万元，有力推动产业化技术转型升级。

三是打造厉行节约活动平台。持久深入地开展厉行节约活动，对生产经营过程中存在的各种消耗、支出和创收渠道进行认真分析和梳理，针对关键环节制订重点活动实施计划，指定专人负责抓好计划落实，充分发挥各种宣传媒体工具的作用，及时宣传报道活动开展的情况和典型人物的先进事迹，营造开展活动的浓厚氛围。近年来，累计实施厉行节约项目163项，节约成本近3000万元。

四是打造青年创新平台。以培养年轻人、促进科技成果转化为目的，建立青年创新平台，每年投入50万元资助年轻技术人员创新，促进青年成长成才。近年来，共申报项目20项，获批11项，资助近150万元，获授权专利12个，部分成果成功应用于生产现场与外部市场，取得了一定的经济效益和社会效益。

五是打造职工道德讲堂平台。为适应新形势、新任务，加强和改进职工思想政治工作，打造职工道德讲堂平台，强化思想引领，营造积极向上文化。南京玻纤院工会邀请“全国五一劳动奖章”获得者、“江苏最美职工”、有关劳动模范代表作报告或讲座，创办国学班，近40人获得结业证书。在此基础上，推动各分工会充分发挥道德讲堂平台优势，结合产业状况，围绕“十四五”规划开展一系列主题活动，培育匠心筑梦文化氛围。

六是打造技能鉴定平台。依托南京玻纤院拥有的行业职业技能鉴定043站，有效促进职工队伍的技术素质不断提高。搭建技能鉴定知识体系，梳理确定24个技能专业，培养内训师30多名，2020年和2021年共完成院内537人职业技能鉴定，其中高级技师1人、技师40人、高级工199人、中级工307人，为行业培养高技能人才近200人。同时，强化校企合作，积极推进玻纤专业进职校工作，目前已与四川宣汉职业中专学校达成设立玻纤专业合作协议，初定在高三先办一个速成班，同步推进全国专业申报，为行业打造玻纤专业技能人才储备库。

四、坚持“四个结合”原则

一是注重与发展战略相结合。将产改试点效果体现在贯彻好中国建材集团

“4335”指导原则和院“12345”发展思路上，用创新发展推动产改试点工作。聚焦国家战略性新兴产业发展规划、军民融合发展战略、院“三做一探索”业务战略，建设高素质产业工人队伍。

二是注重与经营管理相结合。把解决经营任务中的难点和薄弱点作为产改试点主攻方向，紧紧围绕KPI经营目标、提质增效指标和年度重点专项，着力提升一线员工在智能制造、市场开拓、成本管控、科技创新、国际化方面的能力，积极投身“提质增效”“开源节流”专项行动，引领企业治理向纵深发展。

三是注重与体制机制探索相结合。特别是在新冠肺炎疫情常态化防控和经济发展的新形势下，全面统筹推进和加快推动转“危”为“机”举措、利好政策应用落地，不断实践与优化创新发展激励机制，持续推动管理现代化创新。

四是注重与人文精神相结合。坚持以人为本、创新靠人、创新为人，把产业工人队伍建设作为人才强企的重要支撑和基础保障，坚持“院士、专家、工程师、工匠”四层次人才培养体系，积极培育一批企业家、“两总”高级操作工匠以及精益化管理、颠覆性技术、前沿领域的领军人才。

下一步，南京玻纤院工会将在中国机械冶金建材工会的领导下，按照上级工会及院党委部署要求，巩固扩大产业工人队伍建设改革工作成果，聚焦“三提升、两突破、一体系”目标，在地位提升、素质教育、建功立业上下功夫，培养更多适应现代产业体系发展需要的各类人才，为助力国防安全、引领行业进步、促进美好生活贡献力量。

成功筹办2021年江苏省首届玻璃纤维及制品工职工技能竞赛

成立由一线技术人员命名的劳模创新工作室

召开2021年江苏省玻纤行业产业工人队伍建设改革座谈会

召开产改项目试点工作启动会

聚焦试点主题　坚持守正创新
着力推进产业工人队伍建设改革走深走实

安徽海螺水泥股份有限公司

2021 年 4 月，安徽海螺水泥股份有限公司（以下简称“海螺水泥”）被确定为全国第二批产业工人队伍建设改革试点单位，试点项目为“提高产业工人经济地位”。试点以来，我们深入学习贯彻习近平总书记关于产业工人队伍建设改革的重要指示精神，认真落实全国和省市有关会议精神，着力加强组织领导、健全工作机制、落实重点举措，有力有序推进改革试点取得实效。截至 9 月底，我司职工人均月收入达 1.06 万元，较产改实施前增长 34.18%，产业工人经济地位稳步提升，获得感、幸福感、安全感不断增强。

一、加强组织领导，统筹产改工作

《关于开展第二批产业工人队伍建设改革试点工作的通知》下发后，安徽省总工会高度重视，安徽省人大常委会党组副书记、副主任，安徽省总工会主席宋国权，安徽省总工会党组书记、副主席徐发成亲赴我司调研指导，就改革试点工作提出明确要求。安徽省总工会劳动和经济工作部相关负责同志也多次来我司对产改工作进行业务指导。我司切实提高政治站位，第一时间成立推进产业工人队伍建设改革试点领导组，由公司党委书记、副董事长王建超任组长，党委副书记、总经理吴斌，党委副书记、工会主席刘田田任副组长，领导班子其他成员及有关部门负责同志为成员，切实加强组织领导。同时公司下属子公司均成立了由本单位党组织主要负责人任组长，领导班子其他成员及有关部门负责同志为成员的产改试点领导组，形成公司上下互动、内外联动、思想统一、目标明确的推进产改试点工作组织体系。

二、精心制定方案，明确产改任务

在安徽省、芜湖市总工会的悉心指导下，我司组织专人起草试点工作方案，明确细化试点目标任务、工作举措、责任分工、时序进度等，经公司专业部室反复研讨，广泛征求意见，数易其稿，于2021年5月27日形成《海螺水泥产业工人队伍建设改革试点工作方案》上报推进产业工人队伍建设改革协调小组。工作方案聚焦“提高产业工人经济地位”，从“健全当前和中长期相融合的激励机制，实现职工收入稳步增长；打造技术创新和劳动竞赛平台，鼓励职工凭技能提高待遇；拓展高精尖人才发展空间，打通技术和管理晋升‘双通道’；构建企业与员工共建共享体系，不断满足员工美好生活追求”4个方面，制定了16条具体改革举措。同时我司结合企业实际，制定下发了《关于落实产业工人队伍建设改革试点工作的通知》，在12个大区各确定1家单位、省内公司选取7家单位19个项目先行先试，细化分解试点方案，以点带面促进产改工作全面实施。其中芜湖海螺公司突出“智能工厂建设”、池州海螺公司突出“企业职业等级认定”、铜陵海螺公司突出“华东区域工程机械设备大修中心”、海川装备公司突出“劳模创新工作室”项目特色等，力争试点试出方向、试出机制、试出经验、试出成效。

三、健全工作机制，营造产改氛围

建立完善党委领导、工会协调、行政支持、各部门共同参与的改革试点工作机制，加强分类指导、季度调度、现场调研、重点督导。制定《产业工人队伍建设改革推进调度表》，每季度进行产改试点工作调度督查。公司产改试点领导组王建超、吴斌、刘田田等分别赴芜湖海螺公司、铜陵海螺公司、怀宁海螺公司等试点单位进行重点督导，检查产改推进情况，协调解决存在的困难和问题。2021 年 6 月 17 日，公司产改试点领导组副组长刘田田同志主持召开产业工人队伍建设改革试点工作动员会，对试点工作进行部署安排，提出明确要求。2021 年 8 月 19 日，刘田田同志主持召开改革试点工作推进视频会，梳理盘点前一阶段试点工作成效经验，深入查找不足和短板，研提针对性举措，纵深推进改革试点工作。为夯实产改工作基础，我司把产改试点工作纳入各子公司党政班子年度目标责任，作为干部年度工作业绩考核的重要依据。同时，广泛利用公司网站、微信公众号、宣传橱窗等，加强对试点工作的宣传，着力营造了人人关心、人人参与、人人支持的改革良好氛围。

四、落实重点举措，确保产改实效

一是改革薪酬管理体系，多渠道提高产业工人的收入水平。制定《海螺集团三项制度改革专项行动实施方案》，明确重实绩、重贡献、差异化的收入分配制度，员工按职级确定薪酬水平，其中专业技术人员设置四个等级，工资增长向关键岗位、科研开发和生产一线岗位倾斜，对高技能人才实行专项薪酬，实现薪酬与岗位、技能、业绩及企业效益挂钩。制定《海螺水泥区域子公司工资总额管理暂行办法》，完善最低工资、市场对标、业绩目标、产业发展调整和合理增长机制，确保职工收入处于本地区、本行业领先水平。制定《海螺水泥特别绩效贡献奖励方案》《海螺水泥专项奖励方案》，对科技创新、生产稳定运行、多种经营等按标准进行奖励，2021 年上半年，发放窑运行周期专项奖励 0.44 亿元，安全专项奖励 1.14 亿元。制定《派遣人员津贴管理暂行办法》，对驻外省人员每年给予 2.5 万 ~ 21.6 万元津贴，对驻国外人员每年给予 7.2 万 ~ 28.8 万元津贴。推进海螺水泥限制性股票股权激励计划，对包括公司高技能人才在内的相关人员进行股权激励，目前方案已上报安徽省国资委待批。

二是构建技能形成体系，推动产业工人凭技术技能提高待遇。打破职业技能等级与专业技术职务之间的界限、工人与干部之间的界限，产业工人可晋升为工程师和中高层管理人员，目前公司 90% 以上中高层管理人员具有基层一线工作经历。在池州海螺公司、重庆海螺公司等试点单位开展职业技能等级认定等工作，213 人取得初级或中级职业资格证书。制定《鼓励员工学习教育指导意见》，对参加在职教育取得硕士或博士学位的，每月分别给予 1000 元、2000 元补助；对取得职业资格证书和高级及以上专业技术职务任职资格的，核报取证费用，并给予月度技术津贴。广泛开展技术人才交流研讨、技术工人专业提升培训和名师带徒等活动，打造“海螺大学”网上学习平台，持续提升产业工人素质。广泛开展“建功‘十四五’奋进新征程”劳动和技能竞赛，加大竞赛奖励力度，2021 年上半年奖金总额近 4400 万元。开展“海螺工匠”选树活动，“海螺工匠”每月享受 1000 元工匠津贴。制定《海螺集团科技创新项目管理办法》，对取得专利授权及为企业创造显著经济效益的创新项目给予一定奖励。加大职工合理化建议和“五小”等群众性技术创新活动专项奖励力度，已发放奖励 900 多万元。

三是完善员工福利体系，提升产业工人的获得感、幸福感。全员参加“五险一金”，2021 年上半年人均单位缴纳社会保险和公积金分别为 1.24 万元和 0.6 万元，较产改实施前分别增长 66.67% 和 57.96%。全面推行企业年金制度，2021 年上半年人均收益 0.35 万元。制定《海螺集团补充医疗保险管理暂行办法》，员工住院发生的属于城镇职工医疗保险范围内由个人负担的费用，公司按 90% 给予补助，年度累计补助不超过 50 万元。免费对全体职工开展健康体检，2021 年体检费用提升至每人 2000 元，对已婚女职工和 45 周岁以上职工额外每人增加 1100 元。投入 1.4 亿多元建设海螺特色职工公寓和职工餐厅，公寓均配备空调、家具、网络等，职工免费拎包入住。餐厅按照“6+2+X”自助标准供应丰盛菜肴，人均每天补贴约 20 元餐费。落实《基层工会经费收支管理办法》，按照安徽省标准，每年向职工发放价值 1500 元的节日慰问品。

省、市总工会领导调研指导产改试点工作

现场研讨技术攻关方案

与地方总工会联合举办职业技能大赛

职工（劳模）创新工作室

图书在版编目（CIP）数据

全国机械冶金建材系统产业工人队伍建设改革示范单位优秀案例 /
《全国机械冶金建材系统产业工人队伍建设改革示范单位优秀案例》编写组编.
—北京：中国工人出版社，2022.5
ISBN 978-7-5008-7909-1

Ⅰ. ①全…　Ⅱ. ①全…　Ⅲ. ①产业工人－人才培养－先进经验－中国　Ⅳ. ①F425.15

中国版本图书馆CIP数据核字（2022）第061258号

全国机械冶金建材系统产业工人队伍建设改革示范单位优秀案例

出 版 人　董　宽
责任编辑　唐寅兴
责任校对　张　彦
责任印制　栾征宇
出版发行　中国工人出版社
地　　址　北京市东城区鼓楼外大街45号　邮编：100120
网　　址　http://www.wp-china.com
电　　话　（010）62005043（总编室）
　　　　　（010）62005039（印制管理中心）
　　　　　（010）82027810（职工教育分社）
发行热线　（010）82029051　62383056
经　　销　各地书店
印　　刷　宝蕾元仁浩（天津）印刷有限公司
开　　本　710毫米×1000毫米　1/16
印　　张　17
字　　数　240千字
版　　次　2022年7月第1版　2022年7月第1次印刷
定　　价　58.00元
